(사)한국어문회 주관
한자능력검정시험

자꾸 공부 하고픈 책

5級Ⅱ 400字

모의고사문제집

어 문 출 판 사

머 리 말

漢字는 익혀 둘 필요가 있읍니다.

한글 전용을 굳이 그 속에 漢字가 있고 그 속에 語彙가 있기 때문에 이것만 빼고 남은 것이 있다면 사정은 달라지겠지만, 漢字를 빼고 한글만으로써 사전적 이해를 통한 배움을 길이 마음속 깊이 간직하는 어떠한 방법이 없다면, 그리고 우리들의 이름을 비롯하여 모든 漢字들을 다 헐어 버릴 수 없다면 漢字는 익혀 둘 필요가 있는 것입니다.

기왕이면 이 問題에 대한 올바른 판단을 앞서서 하여 공부할 때에 가는 김에 기왕이면 용기를 얻어 남이야 알든 모르든 꿈쩍하고 앉아서 뜻도 많고 공부할 재미가 있는 漢字를 心底로부터 기쁨을 가지고 배웠으면 합니다.

아무쪼록 이 冊을 通해 단 한자의 漢字를 알기 위해 그 字形으로부터 字音, 字義에 이르기까지 힘을 들여 엄숙한 마음으로 字典을 가지고 익히기 바라며, 그리고서 주변에 있는 漢字語 숙어나 문장들 어디에서고 그 동원 인식의사 漢字들이 눈에 띄면 늘 새로운 반가움과 다정스러운 정리가 생기고 더 나아가 만일이라도 남에게 말할 때 漢字語 사용을 固집하고 그 字形을 써 보이면서 그 뜻도 일러주는 일이 잦았으면 기쁨이겠읍니다.

이 冊으로 工夫하시어 한분 한분의 漢字 실력이 많이 向上되기를 기원합니다.

편 저 자 씀

접수방법   ① 접수처방문   ② 인터넷접수

① 접수처방문 · 준비물: 사진2매(3×4)/한자성명/주민등록번호
　　　　　　　　　　　전화번호/주소/우편번호
　　　　　　　· 고사장수용인원초과시 조기마감 될 수 있습니다.
　　　　　　　· 전국고사장 및 시험문의: 한국어문회 1566-1400
　　　　　　　　　　　　　　　　　　　　　www.hanja.re.kr

② 인터넷접수 www.hangum.re.kr

◆ 2003년도 인터넷 원서 접수부터는 이용자약관에 동의하여 회원가입한 분만 인터넷 원서 접수 가능.

◆ 인터넷회원가입준비물 : 이름, 한자이름, 전화번호, 주소등의 인적사항과 스캔된 본인의 사진이미지

◆ 먼저 회원가입을 해 놓은 응시자는 인터넷접수일자에 본인의 개인정보 및 사진정보등록 없이 로그인만 하면 바로 접수 가능.

③ 접수시기 · 대략 시험일의 2개월前
　　　　　　· (공인급수 특급~3Ⅱ) ㄱ 2, 5, 8, 11월 넷째주 土시행
　　　　　　· (교육급수 4급 ~ 8급) ㄴ (교육급수 11時, 공인급수 15時)

한자능력검정시험時 유의사항

1. 수험번호, 주민등록번호, 성명 반드시 기재

2. 검정볼펜 사용 (수정액사용)

3. 신분증 지참 (초등학생은 의료보험증 지참)

4. 답안지 칸에 벗어나지 않도록 작성

5. 답안지 낙서 금지

6. 대표훈음을 기재 (검토할 것)

우량상과 우수상의 시상 기준

급수	총문항(합격점)	우량상		우수상		출제범위
		초등	중등	초등	중등	
5II	100 (70)	85	85	90	90	읽기범위: 8급~5II 쓰기범위: 8급~6II

성명 [   ]

第1回 한자능력검정시험 5급 II

(시험시간 : 50분)

시험시작시간　　時　　分
시험종료시간　　時　　分

※다음 밑줄 친 漢字語의 讀音을 쓰시오.

1. 商店(　　)　　2. 性能(　　)
3. 歲月(　　)　　4. 速度(　　)
5. 宿望(　　)　　6. 順理(　　)
7. 時節(　　)　　8. 約束(　　)
9. 旅情(　　)　　10. 仙藥(　　)
11. 溫室(　　)　　12. 團體(　　)
13. 要式(　　)　　14. 當局(　　)
15. 勇氣(　　)　　16. 雲雪(　　)
17. 元老(　　)　　18. 偉大(　　)
19. 凶惡(　　)　　20. 鮮美(　　)

21. 모든 한자는 部首를 파악해야 한다.
 ……………………… (　　　　)
22. 상품은 品質이 좋아야한다.
 ……………………… (　　　　)
23. 타인의 意見을 존중하다.
 ……………………… (　　　　)
24. 그 가게는 종업원이 親切하다.
 ……………………… (　　　　)
25. 産母의 고통은 이루 말할 수 없다.
 ……………………… (　　　　)
26. 東獨과 서독이 통일되다.
 ……………………… (　　　　)
27. 새마음으로 變身을 해 봐야지.
 ……………………… (　　　　)
28. 다른나라의 使臣이 당도하였다.
 ……………………… (　　　　)
29. 조상들의 舊物을 소중히 간수하다.
 ……………………… (　　　　)

30. 兵卒들은 장수의 명을 받고 따른다.
 ……………………… (　　　　)
31. 부처님의 說法을 공부하다.
 ……………………… (　　　　)
32. 주일마다 奉仕활동을 한다.
 ……………………… (　　　　)
33. 부모님 말씀을 念頭에 두자.
 ……………………… (　　　　)
34. 한자시험에 合格했다.
 ……………………… (　　　　)
35. 그 얘기는 나와 相關이 있다.
 ……………………… (　　　　)

※다음 漢字의 訓과 音을 쓰시오.

36. 決(　　)　　37. 種(　　)
38. 觀(　　)　　39. 士(　　)
40. 良(　　)　　41. 雨(　　)
42. 參(　　)　　43. 州(　　)
44. 以(　　)　　45. 友(　　)
46. 充(　　)　　47. 任(　　)
48. 傳(　　)　　49. 郡(　　)
50. 化(　　)　　51. 死(　　)
52. 陸(　　)　　53. 油(　　)
54. 實(　　)　　55. 訓(　　)
56. 兒(　　)　　57. 級(　　)
58. 調(　　)

자꾸 공부 하고픈 책 모의고사문제집　　　　　　　　　　제1회

※다음 밑줄 친 漢字語를 漢字로 쓰시오.

59. 옛날 장악원에 <u>가동</u>이 있었다.
　　………………………… (　　　　　　)

60. 갑작스런 일에 <u>급신</u>을 보내서 사람을 불렀다.
　　………………………… (　　　　　　)

61. 도련님이 과거시험에 <u>등제</u>하였다.
　　………………………… (　　　　　　)

62. 업무별로 나눠서 <u>분과</u>를 만든다.
　　………………………… (　　　　　　)

63. <u>세대</u>에 따라 생각이 틀린다.
　　………………………… (　　　　　　)

64. <u>신춘</u>에는 대문에 경축문구를 써 붙인다.
　　………………………… (　　　　　　)

65. <u>음식</u>을 먹을 땐 조심하자.
　　………………………… (　　　　　　)

66. <u>전후</u>에는 고아가 늘어난다.
　　………………………… (　　　　　　)

67. 우리누나는 <u>표지</u> 모델이다.
　　………………………… (　　　　　　)

68. <u>각지</u>에서 사람들이 모여들다.
　　………………………… (　　　　　　)

69. <u>대답</u>을 할 땐 명료하게 하자.
　　………………………… (　　　　　　)

70. 잘못을 하면 <u>반성</u>해야 한다.
　　………………………… (　　　　　　)

71. 우리 <u>사장</u>님은 인자하시다.
　　………………………… (　　　　　　)

72. <u>시동</u>을 걸고 천천히 출발하자.
　　………………………… (　　　　　　)

73. 업보를 <u>업과</u>라 하기도 한다.
　　………………………… (　　　　　　)

※다음 訓과 音에 맞는 漢字를 쓰시오.

74. 할아비조(　　　　)　　75. 필　발(　　　　)

76. 한가지공(　　　　)　　77. 옮길 운(　　　　)

78. 반　반(　　　　)

※다음 漢字의 반대자를 漢字로 쓰시오.

79. 兄 - (　　　　)　　80. (　　　　) - 過

81. 手 - (　　　　)

※다음 漢字의 비슷한자를 漢字로 쓰시오.

82. (　　　　) - 宅　　83. (　　　　) - 算

84. (　　　　) - 福

※다음 (　)안에 들어갈 漢字를 「예」에서 고르시오.

①民族　②在天　③韓族　④通行
⑤四方　⑥江山　⑦流行　⑧費用

85. 白衣(　　　　)　　86. 一方(　　　　)

87. 人命(　　　　)　　88. 八道(　　　　)

※다음 소리는 같으나 뜻이 다른 漢字를 찾으시오.

①黃　②消　③效　④和　⑤週　⑥書

89. 孝(　　　)　90. 所(　　　)　91. 晝(　　　)

※다음 漢字語의 뜻을 쓰시오.

92. 感知 : (　　　　　　　　　　　　)

93. 洗面 : (　　　　　　　　　　　　)

94. 問責 : (　　　　　　　　　　　　)

※다음 漢字의 略字(약자 : 획수를 줄인 漢字)를 쓰시오.

95. 萬(　　　)　96. 學(　　　)　97. 會(　　　)

※다음 漢字에서 진하게 표시한 획은 몇 번째 쓰는지 <例>에서 찾아 그 번호를 쓰시오.

①1번째　②2번째　③3번째　④4번째
⑤5번째　⑥6번째　⑦7번째　⑧8번째
⑨9번째　⑩10번째　⑪11번째　⑫12번째

98. (　　　)　99. (　　　)　100. (　　　)

服　然　重

- 6 -

전국한자능력검정시험 5급Ⅱ 답안지(1)

번호	답안란	채점	번호	답안란	채점	번호	답안란	채점	번호	답안란	채점
1			12			23			34		
2			13			24			35		
3			14			25			36		
4			15			26			37		
5			16			27			38		
6			17			28			39		
7			18			29			40		
8			19			30			41		
9			20			31			42		
10			21			32			43		
11			22			33			44		

※뒷면으로 이어짐

―――――――――――――――― 절 취 선 ――――――――――――――――

성명 [   ]

5Ⅱ ①

價 (   )   結 (   )   觀 (   )   基 (   )
客 (   )   敬 (   )   廣 (   )   念 (   )
格 (   )   告 (   )   具 (   )   能 (   )
見 (   )   課 (   )   舊 (   )   團 (   )
決 (   )   過 (   )   局 (   )   當 (   )
     (   )   關 (   )   己 (   )   德 (   )

성명 [   ]

5Ⅱ ②	歷 (	)	望 (	)	史 (	)
到 ( )	練 (	)	法 (	)	士 (	)
獨 ( )	勞 (	)	變 (	)	仕 (	)
朗 ( )	類 (	)	兵 (	)	産 (	)
良 ( )	流 (	)	福 (	)	相 (	)
旅 ( )	陸 (	)	奉 (	)	商 (	)

·························· 절 취 선 ··························

전국한자능력검정시험 5급Ⅱ 답안지(2)

번호	답안란	채점	번호	답안란	채점	번호	답안란	채점	번호	답안란	채점
45			59			73			87		
46			60			74			88		
47			61			75			89		
48			62			76			90		
49			63			77			91		
50			64			78			92		
51			65			79			93		
52			66			80			94		
53			67			81			95		
54			68			82			96		
55			69			83			97		
56			70			84			98		
57			71			85			99		
58			72			86			100		

第2回 한자능력검정시험 5급Ⅱ

(시험시간 : 50분)

시험시작시간　時　分
시험종료시간　時　分

※다음 밑줄 친 漢字語의 讀音을 쓰시오.

1. 凶年(　)
2. 品種(　)
3. 見識(　)
4. 充電(　)
5. 訓練(　)
6. 過歲(　)
7. 廣野(　)
8. 價格(　)
9. 效能(　)
10. 特典(　)
11. 局面(　)
12. 陸軍(　)
13. 幸福(　)
14. 強調(　)
15. 必要(　)
16. 在宅(　)
17. 道德(　)
18. 客觀(　)
19. 變化(　)
20. 敬愛(　)

21. 합창단원이 <u>結成</u> 되었다.
　　　　　　　　　　　（　）
22. 잘못을 <u>告白</u> 하다.
　　　　　　　　　　　（　）
23. 시험등수를 <u>公開</u> 하다.
　　　　　　　　　　　（　）
24. 운동회에 <u>參席</u> 하다.
　　　　　　　　　　　（　）
25. 어려운 <u>關門</u>을 통과하다.
　　　　　　　　　　　（　）
26. 결혼함을 지고가는 것은 <u>舊習</u>이다.
　　　　　　　　　　　（　）
27. 의료카드에는 <u>病歷</u>이 기록돼 있다.
　　　　　　　　　　　（　）
28. <u>筆者</u>의 의도를 잘 읽어야한다.
　　　　　　　　　　　（　）
29. 엄마는 아기가 나올려는지 <u>産氣</u>를 느끼다.
　　　　　　　　　　　（　）
30. 싸울때는 <u>感情</u>이 격해진다.
　　　　　　　　　　　（　）
31. 타워에 올라가면 <u>展望</u>이 좋다.
　　　　　　　　　　　（　）
32. 날씨가 더우면 <u>溫度</u>가 올라간다.
　　　　　　　　　　　（　）
33. <u>財團</u>에서 불우이웃돕기를 하다.
　　　　　　　　　　　（　）
34. 가게는 <u>商號</u>가 좋아야한다.
　　　　　　　　　　　（　）
35. 드디어 <u>決勝</u>에 올랐다.
　　　　　　　　　　　（　）

※다음 漢字의 訓과 音을 쓰시오.

36. 相(　)
37. 順(　)
38. 獨(　)
39. 己(　)
40. 說(　)
41. 惡(　)
42. 旅(　)
43. 約(　)
44. 性(　)
45. 週(　)
46. 材(　)
47. 當(　)
48. 洗(　)
49. 頭(　)
50. 的(　)
51. 別(　)
52. 勞(　)
53. 孫(　)
54. 害(　)
55. 醫(　)
56. 類(　)
57. 章(　)
58. 流(　)

자꾸 공부 하고픈 책 모의고사문제집   제2회

※다음 밑줄 친 漢字語를 漢字로 쓰시오.

59. 산골에서 약초를 재배하다.
   ………………………… (   )

60. 노약석에 젊은이가 앉으면 안 된다.
   ………………………… (   )

61. 나의 의도와 달리 오해를 받았다.
   ………………………… (   )

62. 직각은 90도이다.
   ………………………… (   )

63. 새로 나온 책의 제명이 특이하다.
   ………………………… (   )

64. 경험이 많은 사람은 술수도 뛰어나다.
   ………………………… (   )

65. 급수가 올라가면 신출한자를 익혀야한다.
   ………………………… (   )

66. 디지털 시계가 정확하다.
   ………………………… (   )

67. 전세계의 평화를 추구하다.
   ………………………… (   )

68. 의과생은 실습을 많이 한다.
   ………………………… (   )

69. 관광지표지판에는 3개 국어로 표기 돼 있다.
   ………………………… (   )

70. 출처불명의 후문은 믿지 말자.
   ………………………… (   )

71. 고등학교에 다니는 삼촌.
   ………………………… (   )

72. 급소를 맞으면 위험하다.
   ………………………… (   )

73. 남부지방에 장맛비가 내리다.
   ………………………… (   )

※다음 訓과 音에 맞는 漢字를 쓰시오.

74. 고을 읍(   )   75. 지경 계(   )

76. 공 공(   )   77. 나눌 반(   )

78. 나타날현(   )

※다음 漢字의 반대자를 漢字로 쓰시오.

79. 敎 - (   )   80. 長 - (   )

81. 春 - (   )

※다음 漢字의 비슷한자를 골라 번호를 쓰시오.

①臣 ②式 ③紙 ④任 ⑤切 ⑥着

82. 法(   ) 83. 到(   ) 84. 責(   )

※다음 뜻에 맞는 사자성어의 (   )안에 제시된 글자를 漢字로 쓰시오.

85. (안분) 知足 ……… (   )
   : 편안한 마음으로 분수를 지켜 만족을 앎.

86. (청풍) 明月 ……… (   )
   : 맑은 바람과 밝은 달.

87. 樂山 (요수) ……… (   )
   : 산을 좋아하고 물을 좋아함.

88. 大明 (천지) ……… (   )
   : 아주 밝은 세상.

※다음 뜻풀이에 해당하는 단어를 동음이의어 중에서 찾아 번호를 쓰시오.

89. 집안의 세간살이. ……………… (   )
   ① 家口   ② 家具

90. 많이 기다림. ……………… (   )
   ① 古代   ② 苦待

91. 일정하지 않음. ……………… (   )
   ① 不正   ② 不定

※다음 뜻에 맞는 단어를 한글과 한자로 쓰시오.

<예> 책을 읽음 : (독서)-(讀書)

92. 학업을 쉼 :
   ……………… (   )-(   )

93. 여러사람이 모여서 먹음 :
   ……………… (   )-(   )

94. 모두 다 함께 :
   ……………… (   )-(   )

※다음 漢字의 略字(약자 : 획수를 줄인 漢字)를 쓰시오.

95. 對(   ) 96. 發(   ) 97. 體(   )

※다음 漢字에서 진하게 표시한 획은 몇 번째 쓰는지 <例>에서 찾아 그 번호를 쓰시오.

①1번째   ②2번째   ③3번째   ④4번째
⑤5번째   ⑥6번째   ⑦7번째   ⑧8번째
⑨9번째   ⑩10번째 ⑪11번째 ⑫12번째

98. (   )   99. (   )   100. (   )

雪 戰 鮮

- 10 -

전국한자능력검정시험 5급 II 답안지(1)

번호	답안란	채점	번호	답안란	채점	번호	답안란	채점	번호	답안란	채점
1			12			23			34		
2			13			24			35		
3			14			25			36		
4			15			26			37		
5			16			27			38		
6			17			28			39		
7			18			29			40		
8			19			30			41		
9			20			31			42		
10			21			32			43		
11			22			33			44		

※ 뒷면으로 이어짐

········· 절 취 선 ·········

성명 [   ]

5Ⅱ ③

	歲 ( )	臣 ( )	要 ( )
鮮 ( )	束 ( )	實 ( )	友 ( )
仙 ( )	首 ( )	兒 ( )	雨 ( )
說 ( )	宿 ( )	惡 ( )	雲 ( )
性 ( )	順 ( )	約 ( )	元 ( )
洗 ( )	識 ( )	養 ( )	偉 ( )

성명 [   ]

5Ⅱ ④	典 ( )	情 ( )
以 ( )	傳 ( )	調 ( )
任 ( )	展 ( )	卒 ( )
材 ( )	切 ( )	種 ( )
財 ( )	節 ( )	週 ( )
的 ( )	店 ( )	州 ( )

························· 절 취 선 ·························

전국한자능력검정시험 5급Ⅱ 답안지(2)

번호	답안란	채점	번호	답안란	채점	번호	답안란	채점	번호	답안란	채점
45			59			73			87		
46			60			74			88		
47			61			75			89		
48			62			76			90		
49			63			77			91		
50			64			78			92		
51			65			79			93		
52			66			80			94		
53			67			81			95		
54			68			82			96		
55			69			83			97		
56			70			84			98		
57			71			85			99		
58			72			86			100		

第3回 한자능력검정시험 5급Ⅱ

(시험시간 : 50분)

시험시작시간　時　分
시험종료시간　時　分

※다음 밑줄 친 漢字語의 讀音을 쓰시오.

1. 家具（　　）
2. 筆記（　　）
3. 變德（　　）
4. 結局（　　）
5. 開店（　　）
6. 化石（　　）
7. 別種（　　）
8. 決定（　　）
9. 客室（　　）
10. 知命（　　）
11. 兵法（　　）
12. 通關（　　）
13. 病者（　　）
14. 苦待（　　）
15. 格物（　　）
16. 特使（　　）
17. 必勝（　　）
18. 流産（　　）
19. 見習（　　）
20. 材質（　　）

21. 功勞가 있으면 상을 받는다. （　　）
22. 시내에서 過速은 위험하다. （　　）
23. 납기일을 지켜줄 것을 要望한다. （　　）
24. 科目중에 국어가 재밌다. （　　）
25. 오늘의 課題는 관찰이다. （　　）
26. 다른 일보다 育兒가 더 힘들다. （　　）
27. 이번주는 내가 當番이다. （　　）
28. 책을 읽고 良識있는 사람이 되자. （　　）
29. 어른들께는 敬語를 사용해야 한다. （　　）
30. 전력량이 많은 여름철엔 節電을 해야 한다. （　　）
31. 歷史를 바로알고 공부하자. （　　）
32. 타인의 질책을 發展의 기회로 삼자. （　　）
33. 건강의 중요성을 切感하다. （　　）
34. 품질과 등급을 品等이라 한다. （　　）
35. 젊은이들은 아파트를 선호하는 性向이 있다. （　　）

※다음 漢字의 訓과 音을 쓰시오.

36. 價（　　）
37. 舊（　　）
38. 到（　　）
39. 福（　　）
40. 鮮（　　）
41. 基（　　）
42. 朗（　　）
43. 奉（　　）
44. 仙（　　）
45. 念（　　）
46. 告（　　）
47. 仕（　　）
48. 練（　　）
49. 李（　　）
50. 束（　　）
51. 席（　　）
52. 首（　　）
53. 綠（　　）
54. 宿（　　）
55. 例（　　）
56. 廣（　　）
57. 度（　　）
58. 臣（　　）

자꾸 공부 하고픈 책 모의고사문제집　　　　　　　　제3회

※다음 밑줄 친 漢字語를 漢字로 쓰시오.

59. 전국소년체전에 <u>각도</u>에서 출전하다.
…………………………… (　　　　　)

60. <u>과연</u> 나는 정말 공부를 열심히 했을까?
…………………………… (　　　　　)

61. 한낮의 <u>광선</u>은 뜨겁다.
…………………………… (　　　　　)

62. 아이들은 <u>동화</u>를 들려주면 좋아한다.
…………………………… (　　　　　)

63. 회의안건에 <u>동의</u> 합니다.
…………………………… (　　　　　)

64. 더운 날 <u>부하</u>들은 힘이 든다.
…………………………… (　　　　　)

65. 봄이 되면 <u>백구</u>의 향연이 펼쳐진다.
…………………………… (　　　　　)

66. <u>신약</u> 개발에 힘을 쓰다.
…………………………… (　　　　　)

67. 건강검진에서 <u>신장</u>도 잰다.
…………………………… (　　　　　)

68. 싸울 때는 <u>전술</u>을 잘 짜야한다.
…………………………… (　　　　　)

69. 불황이여서 <u>업계</u> 모두 긴장상태다.
…………………………… (　　　　　)

70. 오늘은 은행 <u>창구</u>가 복잡하다.
…………………………… (　　　　　)

71. 숫자 <u>집계</u>는 계산기로 한다.
…………………………… (　　　　　)

72. 옛사람은 <u>체면</u>을 중시했다.
…………………………… (　　　　　)

73. 질문에 <u>화답</u>을 하다.
…………………………… (　　　　　)

※다음 訓과 音에 맞는 漢字를 쓰시오.

74. 편할 편(　　　　)　75. 뿔　각(　　　　)

76. 이할 리(　　　　)　77. 믿을 신(　　　　)

78. 겉　표(　　　　)

※다음 漢字의 반대자를 漢字로 쓰시오.

79. 前 - (　　　　)　80. (　　　　) - 死

81. 南 - (　　　　)

※다음 漢字의 비슷한자를 漢字로 쓰시오.

82. 土 - (　　　　)　83. (　　　　) - 動

84. 正 - (　　　　)

※다음 (　)안에 들어갈 漢字를 「예」에서 고르시오.

| ①多才 | ②市場 | ③行事 | ④美女 |
| ⑤美人 | ⑥多讀 | ⑦父傳 | ⑧有傳 |

85. 年中(　　　　)　86. (　　　　)多能

87. 八方(　　　　)　88. (　　　　)子傳

※다음 소리는 같으나 뜻이 다른 漢字를 찾으시오.

①英　②失　③公　④歲　⑤形　⑥陽

89. 養(　　)　90. 實(　　)　91. 洗(　　)

※다음 뜻풀이에 맞는 漢字語를 「예」에서 찾아 그 번호를 쓰시오.

| ① 始祖 | ② 效用 | ③ 商號 |
| ④ 高祖 | ⑤ 效力 | ⑥ 商會 |

92. 한 가계의 초대가 되는 사람 (　　　　)

93. 어떤 물건의 쓸모 ………… (　　　　)

94. 상점이나 회사의 이름 …… (　　　　)

※다음 漢字의 略字(약자 : 획수를 줄인 漢字)를 쓰시오.

95. 禮(　　)　96. 醫(　　)　97. 區(　　)

※다음 漢字에서 진하게 표시한 획은 몇 번째 쓰는지 <例>에서 찾아 그 번호를 쓰시오.

①1번째	②2번째	③3번째	④4번째
⑤5번째	⑥6번째	⑦7번째	⑧8번째
⑨9번째	⑩10번째	⑪11번째	⑫12번째

98. (　　)　99. (　　)　100. (　　)

郡　愛　省

- 14 -

※ 사단법인 한국어문회·한자능력검정회 주관

수험번호 □□□-□□-□□□□ 성명 □□□□□
주민등록번호 □□□□□□-□□□□□□□
※ 유성 싸인펜, 붉은색 필기구 사용 불가.
※답안지는 컴퓨터로 처리되므로 구기거나 더럽히지 마시고, 정답 칸 안에만 쓰십시오. 글씨가 채점란으로 들어오면 오답처리가 됩니다.

전국한자능력검정시험 5급Ⅱ 답안지(1)

번호	답안란	채점	번호	답안란	채점	번호	답안란	채점	번호	답안란	채점
1			12			23			34		
2			13			24			35		
3			14			25			36		
4			15			26			37		
5			16			27			38		
6			17			28			39		
7			18			29			40		
8			19			30			41		
9			20			31			42		
10			21			32			43		
11			22			33			44		

※뒷면으로 이어짐

· · · · · · · · · · 절 취 선 · · · · · · · · · ·

성명 [   ]

5Ⅱ ⑤

知 (   )   責 (   )   筆 (   )
質 (   )   充 (   )   害 (   )
着 (   )   宅 (   )   化 (   )
參 (   )   品 (   )   效 (   )
             必 (   )   凶 (   )

- 15 -

< 5Ⅱ 약자테스트 > 정답 p76 성명 [   ]

國 -( )	讀 -( )	萬 -( )	藥 -( )
氣 -( )	同 -( )	發 -( )	戰 -( )
對 -( )	樂 -( )	世 -( )	體 -( )
圖 -( )	來 -( )	數 -( )	學 -( )

·· 절 취 선 ··

전국한자능력검정시험 5급Ⅱ 답안지(2)

번호	답안란	채점	번호	답안란	채점	번호	답안란	채점	번호	답안란	채점
45			59			73			87		
46			60			74			88		
47			61			75			89		
48			62			76			90		
49			63			77			91		
50			64			78			92		
51			65			79			93		
52			66			80			94		
53			67			81			95		
54			68			82			96		
55			69			83			97		
56			70			84			98		
57			71			85			99		
58			72			86			100		

第4回 한자능력검정시험 5급Ⅱ

(시험시간 : 50분)　시험시작시간　　時　　分
　　　　　　　　　시험종료시간　　時　　分

※다음 밑줄 친 漢字語의 讀音을 쓰시오.

1. 效果(　　)　2. 必然(　　)
3. 害惡(　　)　4. 德望(　　)
5. 海流(　　)　6. 着工(　　)
7. 過勞(　　)　8. 特種(　　)
9. 學識(　　)　10. 能通(　　)
11. 課長(　　)　12. 宅地(　　)
13. 筆紙(　　)　14. 團束(　　)
15. 觀念(　　)　16. 本意(　　)
17. 客店(　　)　18. 親知(　　)
19. 獨白(　　)　20. 旅行(　　)

21. 단체로 <u>美術</u> 전시 관람을 했다.
　　……………………(　　)
22. 시장을 갈 땐 <u>品目</u>을 적어서 나선다.
　　……………………(　　)
23. 맡은 것은 <u>使命</u>감을 갖고 임한다.
　　……………………(　　)
24. <u>質責</u>하면 순간 거짓말을 한다.
　　……………………(　　)
25. 지각 <u>理由</u>를 말해 보아라.
　　……………………(　　)
26. 여행으로 <u>友愛</u>를 다지다.
　　……………………(　　)
27. 방학을 <u>充實</u>하게 보낸다.
　　……………………(　　)
28. 방과후 수업에서 <u>禮節</u>을 배운다.
　　……………………(　　)
29. 동네에서 <u>敬老</u> 잔치가 열렸다.
　　……………………(　　)
30. 주택가를 <u>開發</u>하다.
　　……………………(　　)
31. 삼일절날 대한독립 <u>萬歲</u>을 외치다.
　　……………………(　　)
32. 축제가 끝나면 <u>宿所</u>로 가서 쉰다.
　　……………………(　　)
33. <u>藥局</u>에서 연고를 사다.
　　……………………(　　)
34. 독립운동을 할 때는 비밀 <u>結社</u>를 조직했다.
　　……………………(　　)
35. 여름에는 <u>雨中</u>인 날이 많다.
　　……………………(　　)

※다음 漢字의 訓과 音을 쓰시오.

36. 雲(　　)　37. 法(　　)
38. 商(　　)　39. 情(　　)
40. 元(　　)　41. 兵(　　)
42. 格(　　)　43. 史(　　)
44. 見(　　)　45. 養(　　)
46. 歷(　　)　47. 産(　　)
48. 財(　　)　49. 黃(　　)
50. 關(　　)　51. 畫(　　)
52. 展(　　)　53. 朝(　　)
54. 切(　　)　55. 族(　　)
56. 凶(　　)　57. 書(　　)
58. 具(　　)

자꾸 공부 하고픈 책 모의고사문제집　　　　　　　　　　　제4회

※다음 밑줄 친 漢字語를 漢字로 쓰시오.

59. 오늘은 목욕탕 휴업이다.
………………………… (　　　　　)

60. 축구는 후반전이 더 재밌다.
………………………… (　　　　　)

61. 남녀는 평등하다.
………………………… (　　　　　)

62. 표제 글씨가 너무 굵다.
………………………… (　　　　　)

63. 국군의 날에 고공 행진이 벌어지다.
………………………… (　　　　　)

64. 일요일이면 교회에 간다.
………………………… (　　　　　)

65. 응원하러 구장에 직접 간다.
………………………… (　　　　　)

66. 급한 일을 급사라 한다.
………………………… (　　　　　)

67. 정든 친구와 분반 되어 헤어졌다.
………………………… (　　　　　)

68. 농사짓는 법을 가르친 사람은 신농.
………………………… (　　　　　)

69. 많은 설풍에 가로수가 쓰러졌다.
………………………… (　　　　　)

70. 학교에서 인재를 육성 시키다.
………………………… (　　　　　)

71. 성인이 되면 입신 해야한다.
………………………… (　　　　　)

72. 옛날 시골에는 많은 세대로 집촌이었다.
………………………… (　　　　　)

73. 비 그친 뒤 청명한 날씨.
………………………… (　　　　　)

※다음 訓과 音에 맞는 漢字를 쓰시오.

74. 무거울중(　　　　)　75. 읽을 독(　　　　)

76. 사라질소(　　　　)　77. 비로소시(　　　　)

78. 차례　제(　　　　)

※다음 漢字의 반대자를 漢字로 쓰시오.

79. (　　　　) - 外　80. (　　　　) - 山

81. (　　　　) - 西

※다음 漢字의 비슷한자를 골라 번호를 쓰시오.

①衣　②待　③偉　④番　⑤和　⑥化

82. (　　　)服　83. (　　　)大　84. 變(　　　)

※다음 뜻에 맞는 사자성어의 (　)안에 제시된 글자를 漢字로 쓰시오.

85. 決死 (반대) ……… (　　　　)
　: 목숨을 내걸고 반대함.

86. 童話 (작가) ……… (　　　　)
　: 어린이에게 들려주기 위해 지은 책을 쓴 사람.

87. 一心 (동체) ……… (　　　　)
　: 한사람처럼 뜻을 합하여 굳게 결합하는 일.

88. 三十 (육계) ……… (　　　　)
　: 서른여섯 가지의 계략.

※다음 뜻풀이에 해당하는 단어를 동음이의어 중에서 찾아 번호를 쓰시오.

89. 공동으로 씀 ………………… (　　　)
　① 公用　　② 共用

90. 말로 전해 옴 ………………… (　　　)
　① 口傳　　② 舊典

91. 새로 임명됨 ………………… (　　　)
　① 新任　　② 信任

※다음 漢字語의 뜻을 쓰시오.

92. 念頭 : (　　　　　　　　　)

93. 當代 : (　　　　　　　　　)

94. 良書 : (　　　　　　　　　)

※다음 漢字의 略字(약자 : 획수를 줄인 漢字)를 쓰시오.

95. 數(　　　)　96. 圖(　　　)　97. 戰(　　　)

※다음 漢字에서 진하게 표시한 획은 몇 번째 쓰는지 <例>에서 찾아 그 번호를 쓰시오.

①1번째　②2번째　③3번째　④4번째
⑤5번째　⑥6번째　⑦7번째　⑧8번째
⑨9번째　⑩10번째　⑪11번째　⑫12번째

98. (　　　)　99. (　　　)　100. (　　　)

算　英　窓

- 18 -

전국한자능력검정시험 5급Ⅱ 답안지(1)

번호	답안란	채점	번호	답안란	채점	번호	답안란	채점	번호	답안란	채점
1			12			23			34		
2			13			24			35		
3			14			25			36		
4			15			26			37		
5			16			27			38		
6			17			28			39		
7			18			29			40		
8			19			30			41		
9			20			31			42		
10			21			32			43		
11			22			33			44		

※뒷면으로 이어짐

·········· 절 취 선 ··········

성명 [   ]

6급 ①

苦( )	近( )	度( )
感( )	古( )	根( )	頭( )
強( )	交( )	級( )	例( )
開( )	區( )	多( )	禮( )
京( )	郡( )	待( )	路( )

성명 [   ]

6급 ②　　美 (　　　　) 服 (　　　　) 席 (　　　　)

綠 (　　　　) 朴 (　　　　) 本 (　　　　) 速 (　　　　)

李 (　　　　) 番 (　　　　) 死 (　　　　) 孫 (　　　　)

目 (　　　　) 別 (　　　　) 使 (　　　　) 樹 (　　　　)

米 (　　　　) 病 (　　　　) 石 (　　　　) 習 (　　　　)

··· 절 취 선 ···

전국한자능력검정시험　5급Ⅱ　답안지(2)

번호	답안란	채점	번호	답안란	채점	번호	답안란	채점	번호	답안란	채점
45			59			73			87		
46			60			74			88		
47			61			75			89		
48			62			76			90		
49			63			77			91		
50			64			78			92		
51			65			79			93		
52			66			80			94		
53			67			81			95		
54			68			82			96		
55			69			83			97		
56			70			84			98		
57			71			85			99		
58			72			86			100		

5級 Ⅱ ▷중간점검용◁

정답 93쪽

①	②	③	④
價( )	朗( )	洗( )	傳( )
客( )	良( )	歲( )	展( )
格( )	旅( )	束( )	切( )
見( )	歷( )	首( )	節( )
決( )	練( )	宿( )	店( )
結( )	勞( )	順( )	情( )
敬( )	類( )	識( )	調( )
告( )	流( )	臣( )	卒( )
課( )	陸( )	實( )	種( )
過( )	望( )	兒( )	週( )
關( )	法( )	惡( )	州( )
觀( )	變( )	約( )	知( )
廣( )	兵( )	養( )	質( )
具( )	福( )	要( )	着( )
舊( )	奉( )	友( )	參( )
局( )	史( )	雨( )	責( )
己( )	士( )	雲( )	充( )
基( )	仕( )	元( )	宅( )
念( )	産( )	偉( )	品( )
能( )	相( )	以( )	必( )
團( )	商( )	任( )	筆( )
當( )	鮮( )	材( )	害( )
德( )	仙( )	財( )	化( )
到( )	說( )	的( )	效( )
獨( )	性( )	典( )	凶( )

성명 [   ]

6級　　　▷중간점검용◁　　　정답 93쪽

①	②	③	④
感（　　　）	綠（　　　）	勝（　　　）	者（　　　）
強（　　　）	李（　　　）	式（　　　）	章（　　　）
開（　　　）	目（　　　）	失（　　　）	在（　　　）
京（　　　）	米（　　　）	愛（　　　）	定（　　　）
苦（　　　）	美（　　　）	野（　　　）	朝（　　　）
古（　　　）	朴（　　　）	夜（　　　）	族（　　　）
交（　　　）	番（　　　）	陽（　　　）	畫（　　　）
區（　　　）	別（　　　）	洋（　　　）	親（　　　）
郡（　　　）	病（　　　）	言（　　　）	太（　　　）
近（　　　）	服（　　　）	永（　　　）	通（　　　）
根（　　　）	本（　　　）	英（　　　）	特（　　　）
級（　　　）	死（　　　）	溫（　　　）	合（　　　）
多（　　　）	使（　　　）	園（　　　）	行（　　　）
待（　　　）	石（　　　）	遠（　　　）	向（　　　）
度（　　　）	席（　　　）	油（　　　）	號（　　　）
頭（　　　）	速（　　　）	由（　　　）	畫（　　　）
例（　　　）	孫（　　　）	銀（　　　）	黃（　　　）
禮（　　　）	樹（　　　）	衣（　　　）	訓（　　　）
路（　　　）	習（　　　）	醫（　　　）	

第5回 한자능력검정시험 5급Ⅱ

(시험시간 : 50분)   시험시작시간　時　分
　　　　　　　　　시험종료시간　時　分

※다음 밑줄 친 漢字語의 讀音을 쓰시오.

1. 産後(　　)
2. 所感(　　)
3. 草食(　　)
4. 筆法(　　)
5. 參萬(　　)
6. 首席(　　)
7. 商界(　　)
8. 韓服(　　)
9. 相當(　　)
10. 宿題(　　)
11. 親舊(　　)
12. 雲雨(　　)
13. 性格(　　)
14. 識見(　　)
15. 通過(　　)
16. 效力(　　)
17. 平和(　　)
18. 良質(　　)
19. 洗練(　　)
20. 凶計(　　)

21. 비행기가 着陸 할 때는 뒷바퀴부터 나온다. (　　)
22. 歲月은 흐르는 물과 같다. (　　)
23. 品目을 정해서 시장에 가야 효율적이다. (　　)
24. 동물들의 種族 보존의 본능은 강하다. (　　)
25. 惡材가 겹치면 주가가 내려간다. (　　)
26. 우등생은 頭角을 나타낸다. (　　)
27. 연말에 溫情을 베풀다. (　　)
28. 사과나무에 果實이 많이 열렸다. (　　)
29. 나를 充足 시켜 줄 취미생활을 하다. (　　)
30. 술이 취하면 客氣를 부린다. (　　)
31. 전체내용을 要約하여 줄이다. (　　)
32. 친구들 全部 운동장에 모이다. (　　)
33. 어린이보호구역에서는 速度를 줄이자. (　　)
34. 사람이 많아서 줄을 서서 順番을 기다리다. (　　)
35. 옛날 역사를 쓴 史話는 재밌다. (　　)

※다음 漢字의 訓과 音을 쓰시오.

36. 結(　　)
37. 卒(　　)
38. 敬(　　)
39. 責(　　)
40. 課(　　)
41. 必(　　)
42. 局(　　)
43. 決(　　)
44. 能(　　)
45. 觀(　　)
46. 團(　　)
47. 以(　　)
48. 望(　　)
49. 開(　　)
50. 變(　　)
51. 米(　　)
52. 偉(　　)
53. 英(　　)
54. 典(　　)
55. 野(　　)
56. 節(　　)
57. 在(　　)
58. 店(　　)

※다음 밑줄 친 漢字語를 漢字로 쓰시오.

59. 형은 공공기업체 <u>공사</u>에 취직하다.
   ……………………… (   )
60. 동창들을 만나 <u>동심</u>으로 돌아가다.
   ……………………… (   )
61. 불편함에서 <u>발명</u>이 나온다.
   ……………………… (   )
62. 할머니께서 한글과 <u>산술</u>을 깨우치다.
   ……………………… (   )
63. 더덕도 <u>약물</u>에 포함된다.
   ……………………… (   )
64. 상대방의 <u>의표</u>를 날카롭게 지적하다.
   ……………………… (   )
65. <u>작년</u>에는 많이 추웠다.
   ……………………… (   )
66. 책을 많이 읽다보면 <u>작문</u>도 할 수 있다.
   ……………………… (   )
67. <u>지구</u>가 생긴지는 45억년전으로 본다.
   ……………………… (   )
68. 광장에서 기독교인의 <u>집회</u>가 있다.
   ……………………… (   )
69. <u>차창</u>으로 보이는 동해바다는 시원하다.
   ……………………… (   )
70. 요즘은 카드사용이 많고 <u>현금</u>은 드물다.
   ……………………… (   )
71. <u>형편</u>이 어려운 학생을 돕자.
   ……………………… (   )
72. <u>가정</u>이 화목해야 행복하다.
   ……………………… (   )
73. <u>급용</u>으로 어서 집으로 왔다.
   ……………………… (   )

※다음 訓과 音에 맞는 漢字를 쓰시오.

74. 종이 지 (   ) 75. 귀신 신 (   )

76. 싸울 전 (   ) 77. 부을 주 (   )

78. 무리 등 (   )

※다음 漢字의 반대자를 골라 번호를 쓰시오.

①石 ②橋 ③小 ④少 ⑤海 ⑥夕

79. 朝(   ) 80. 陸(   ) 81. 多(   )

※다음 漢字의 비슷한자를 漢字로 쓰시오.

82. (   ) - 路 83. (   ) - 畫

84. (   ) - 體

※다음 (   )안에 들어갈 漢字를 「예」에서 고르시오.

①合一 ②先生 ③言行 ④有別
⑤書生 ⑥特別 ⑦德分 ⑧活動

85. 白面(   ) 86. 知行(   )
87. 奉仕(   ) 88. 男女(   )

※다음 소리는 같으나 뜻이 다른 漢字를 찾으시오.

①雪 ②圓 ③風 ④幸
⑤價 ⑥洋 ⑦信 ⑧歌

89. 遠(   ) 90. 新(   ) 91. 說(   )

※다음 뜻에 맞는 단어를 한글과 한자로 쓰시오.

<예> 책을 읽음 : (독서)-(讀書)

92. 농사를 업으로 하는 일.
   …………… (   )-(   )
93. 처음의 조상.
   …………… (   )-(   )
94. 불을 끔.
   …………… (   )-(   )

※다음 漢字의 略字(약자 : 획수를 줄인 漢字)를 쓰시오.

95. 讀(   ) 96. 樂(   ) 97. 來(   )

※다음 漢字에서 진하게 표시한 획은 몇 번째 쓰는지 <例>에서 찾아 그 번호를 쓰시오.

①1번째 ②2번째 ③3번째 ④4번째
⑤5번째 ⑥6번째 ⑦7번째 ⑧8번째
⑨9번째 ⑩10번째 ⑪11번째 ⑫12번째

98. (   ) 99. (   ) 100. (   )

綠 勝 第

전국한자능력검정시험 5급Ⅱ 답안지(1)

번호	답안란	채점	번호	답안란	채점	번호	답안란	채점	번호	답안란	채점
1			12			23			34		
2			13			24			35		
3			14			25			36		
4			15			26			37		
5			16			27			38		
6			17			28			39		
7			18			29			40		
8			19			30			41		
9			20			31			42		
10			21			32			43		
11			22			33			44		

※뒷면으로 이어짐

---- 절 취 선 ----

성명 [   ]

6급 ③	野 ( )	永 ( )	油 ( )
勝 ( )	夜 ( )	英 ( )	由 ( )
式 ( )	陽 ( )	溫 ( )	銀 ( )
失 ( )	洋 ( )	園 ( )	衣 ( )
愛 ( )	言 ( )	遠 ( )	醫 ( )

성명 [   ]

6급 ④ 朝 (   ) 通 (   ) 號 (   )

者 (   ) 族 (   ) 特 (   ) 畫 (   )

章 (   ) 晝 (   ) 合 (   ) 黃 (   )

在 (   ) 親 (   ) 行 (   ) 訓 (   )

定 (   ) 太 (   ) 向 (   )

·· 절 취 선 ··

전국한자능력검정시험 5급Ⅱ 답안지(2)

번호	답안란	채점	번호	답안란	채점	번호	답안란	채점	번호	답안란	채점
45			59			73			87		
46			60			74			88		
47			61			75			89		
48			62			76			90		
49			63			77			91		
50			64			78			92		
51			65			79			93		
52			66			80			94		
53			67			81			95		
54			68			82			96		
55			69			83			97		
56			70			84			98		
57			71			85			99		
58			72			86			100		

성명 [   ]

第6回   한자능력검정시험 5급Ⅱ

(시험시간 : 50분)   시험시작시간   時   分
시험종료시간   時   分

※ 다음 밑줄 친 漢字語의 讀音을 쓰시오.

1. 開場(   )   2. 後任(   )
3. 陸路(   )   4. 調練(   )
5. 特效(   )   6. 古典(   )
7. 格式(   )   8. 朝鮮(   )
9. 品性(   )   10. 過多(   )
11. 結果(   )   12. 觀客(   )
13. 筆者(   )   14. 才能(   )
15. 決死(   )   16. 廣告(   )
17. 海兵(   )   18. 財産(   )
19. 敬意(   )   20. 元祖(   )

21. 무슨 일인지 사람들이 雲集 해 있었다.
 ……………………… (   )
22. 모든 물건을 具色 맞추어두다.
 ……………………… (   )
23. 아파트가 아닌 住宅에 살고 있다.
 ……………………… (   )
24. 정부가 주최하는 國展에 당선되다.
 ……………………… (   )
25. 基金을 마련하여 이웃을 돕다.
 ……………………… (   )
26. 수업시간 중 선생님께 質問을 드리다.
 ……………………… (   )
27. 비가 그치고 차량 洗車를 하다.
 ……………………… (   )
28. 해외근로자의 勞苦가 크다.
 ……………………… (   )
29. 맞벌이부부는 育兒를 부모님께 맡기다.
 ……………………… (   )

30. 우리나라는 계절 따라 變化가 온다.
 ……………………… (   )
31. 오늘은 바둑 결승 對局이 벌어진다.
 ……………………… (   )
32. 머리을 안 쓰면 石頭가 된다.
 ……………………… (   )
33. 어려운 것은 說明이 필요하다.
 ……………………… (   )
34. 즐거운 名節이 되면 한복을 입는다.
 ……………………… (   )
35. 피차간에 相通되는 점이 있어 통한다.
 ……………………… (   )

※ 다음 漢字의 訓과 音을 쓰시오.

36. 德(   )   37. 參(   )
38. 歲(   )   39. 充(   )
40. 要(   )   41. 害(   )
42. 己(   )   43. 週(   )
44. 獨(   )   45. 的(   )
46. 良(   )   47. 材(   )
48. 士(   )   49. 向(   )
50. 雨(   )   51. 陽(   )
52. 友(   )   53. 銀(   )
54. 傳(   )   55. 樹(   )
56. 種(   )   57. 勝(   )
58. 州(   )

자꾸 공부 하고픈 책 모의고사문제집   제6회

※다음 밑줄 친 漢字語를 漢字로 쓰시오.

59. 각 당에 영수들의 <u>회동</u>이 있다.
　………………… (　　　　)

60. 사람이 다치면 <u>화급</u>을 다툰다.
　………………… (　　　　)

61. <u>현대</u>를 살아가면서 에티켓을 지키자.
　………………… (　　　　)

62. 네잎클로버는 <u>행운</u>을 상징한다.
　………………… (　　　　)

63. 옛날 사또의 행차에 <u>풍악</u>을 울렸다.
　………………… (　　　　)

64. 차량끼리 부딪혀서 <u>표면</u>이 긁혔다.
　………………… (　　　　)

65. 참새가 <u>전선</u>에 앉았다.
　………………… (　　　　)

66. 요번 시험에는 <u>전부</u> 만점이다.
　………………… (　　　　)

67. 대중앞에 나서는 것은 <u>용기</u>가 필요하다.
　………………… (　　　　)

68. 동생은 <u>약체</u>로 태어나서 허약하다.
　………………… (　　　　)

69. 약의 <u>성분</u>을 분석해 보다.
　………………… (　　　　)

70. 영어 <u>발음</u>을 정확히 하자.
　………………… (　　　　)

71. 우리 <u>반장</u>은 똑똑하다.
　………………… (　　　　)

72. 미술시간에 <u>도형</u>을 그려보았다.
　………………… (　　　　)

73. 전통분야에는 <u>가업</u>을 잇는 집안도 있다.
　………………… (　　　　)

※다음 訓과 音에 맞는 漢字를 쓰시오.

74. 셈　산(　　　)　75. 아이 동(　　　)

76. 살필 성(　　　)　77. 창　창(　　　)

78. 제목 제(　　　)

※다음 漢字의 반대자를 漢字로 쓰시오.

79. (　　　) - 冬　80. (　　　) - 入

81. (　　　) - 右

※다음 漢字의 비슷한자를 골라 번호를 쓰시오.

①術　②習　③史　④仕　⑤速　⑥束

82. 練(　　　)　83. 奉(　　　)　84. 約(　　　)

※다음 뜻에 맞는 사자성어의 (　)안에 제시된 글자를 漢字로 쓰시오.

85. 見物 (생심) ……… (　　　　)
　: 물건을 보면 마음(욕심)이 생김.

86. 百年 (대계) ……… (　　　　)
　: 백년동안(먼 훗날)의 큰 계획.

87. (세계) 平和 ……… (　　　　)
　: 전 나라의 평화로움.

88. (시사) 用語 ……… (　　　　)
　: 세상에 일어나는 일에 관한 말.

※다음 뜻풀이에 해당하는 단어를 동음이의어 중에서 찾아 번호를 쓰시오.

89. 근무하는 곳에서 숙직하는 것 … (　　　)
　① 堂直　　　② 當直

90. 사람의 운수 ………………… (　　　)
　① 身手　　　② 身數

91. 공사하는 방식 ………………… (　　　)
　① 公法　　　② 工法

※다음 뜻풀이에 맞는 漢字語를 「예」에서 찾아 그 번호를 쓰시오.

① 宿望　　② 愛重　　③ 知識
④ 宿命　　⑤ 愛着　　⑥ 知新

92. 날 때부터 타고난 운명 …… (　　　)

93. 사랑하여 소중히 함 ……… (　　　)

94. 배워서 알고 있는 내용 …… (　　　)

※다음 漢字의 略字(약자 : 획수를 줄인 漢字)를 쓰시오.

95. 號(　　　)　96. 畵(　　　)　97. 晝(　　　)

※다음 漢字에서 진하게 표시한 획은 몇 번째 쓰는지 <例>에서 찾아 그 번호를 쓰시오.

①1번째　②2번째　③3번째　④4번째
⑤5번째　⑥6번째　⑦7번째　⑧8번째

98. (　　　)　99. (　　　)　100. (　　　)

使　野　庭

- 28 -

수험번호 □□□-□□-□□□□
성명 □□□□□
주민등록번호 □□□□□□-□□□□□□□
※ 유성 싸인펜, 붉은색 필기구 사용 불가.
※답안지는 컴퓨터로 처리되므로 구기거나 더럽히지 마시고, 정답 칸 안에만 쓰십시오. 글씨가 채점란으로 들어오면 오답처리가 됩니다.

전국한자능력검정시험 5급Ⅱ 답안지(1)

번호	답안란	채점	번호	답안란	채점	번호	답안란	채점	번호	답안란	채점
1			12			23			34		
2			13			24			35		
3			14			25			36		
4			15			26			37		
5			16			27			38		
6			17			28			39		
7			18			29			40		
8			19			30			41		
9			20			31			42		
10			21			32			43		
11			22			33			44		

※뒷면으로 이어짐

·········· 절 취 선 ··········

성명 [   ]

6Ⅱ ①	높을 고 ( )	실과 과 ( )	짧을 단 ( )
각각 각 ( )	공 공 ( )	빛 광 ( )	집 당 ( )
뿔 각 ( )	공평할공 ( )	공 구 ( )	대신 대 ( )
셀 계 ( )	한가지공 ( )	이제 금 ( )	대할 대 ( )
지경 계 ( )	과목 과 ( )	급할 급 ( )	그림 도 ( )

6Ⅱ ②

읽을 독 ( )	이할 리 ( )	돌아올 반 ( )	나눌 분 ( )
아이 동 ( )	다스릴 리 ( )	반 반 ( )	모일 사 ( )
무리 등 ( )	밝을 명 ( )	필 발 ( )	글 서 ( )
즐길 락 ( )	들을 문 ( )	놓을 방 ( )	줄 선 ( )
	나눌 반 ( )	떼 부 ( )	눈 설 ( )

·· 절 취 선 ··

전국한자능력검정시험 5급Ⅱ 답안지(2)

번호	답안란	채점	번호	답안란	채점	번호	답안란	채점	번호	답안란	채점
45			59			73			87		
46			60			74			88		
47			61			75			89		
48			62			76			90		
49			63			77			91		
50			64			78			92		
51			65			79			93		
52			66			80			94		
53			67			81			95		
54			68			82			96		
55			69			83			97		
56			70			84			98		
57			71			85			99		
58			72			86			100		

성명 [   ]

第7回 한자능력검정시험 5급Ⅱ

(시험시간 : 50분) 시험시작시간   時   分
시험종료시간   時   分

※다음 밑줄 친 漢字語의 讀音을 쓰시오.

1. 約定(   ) 2. 有能(   )
3. 知己(   ) 4. 元首(   )
5. 養親(   ) 6. 公園(   )
7. 集團(   ) 8. 調理(   )
9. 責任(   ) 10. 題目(   )
11. 識別(   ) 12. 舊法(   )
13. 練習(   ) 14. 切品(   )
15. 決戰(   ) 16. 過速(   )
17. 類例(   ) 18. 傳來(   )
19. 高價(   ) 20. 前歷(   )

21. 여러 <u>效用</u>을 가진 쇠붙이.
 ············· (   )
22. 학교에서 권장하는 책은 <u>必讀</u>이다.
 ············· (   )
23. 식사는 <u>的當</u>량을 먹어야 한다.
 ············· (   )
24. 한자를 쓸 땐 <u>筆順</u>을 잘 지켜야 한다.
 ············· (   )
25. 군인들이 훈련소에서 <u>合宿</u>한다.
 ············· (   )
26. <u>重要</u>한 서류는 잘 보관한다.
 ············· (   )
27. 집행형을 마치고 <u>出所</u>하다.
 ············· (   )
28. 오월은 <u>新綠</u>의 계절.
 ············· (   )
29. 밥을 먹고 <u>消化</u>가 너무 잘된다.
 ············· (   )

30. <u>週番</u>이 되면 책임을 다한다.
 ············· (   )
31. 텃밭에 <u>種類</u>별로 채소를 많이 심었다.
 ············· (   )
32. 군인은 <u>陸, 海</u>, 空 삼군이다.
 ············· (   )
33. 제사를 지내고 나면 <u>飮福</u>한다.
 ············· (   )
34. 함경도는 <u>以北</u>에 있다.
 ············· (   )
35. 어머니 말씀을 <u>念頭</u>에 두고 있다.
 ············· (   )

※다음 漢字의 訓과 音을 쓰시오.

36. 客(   ) 37. 實(   )
38. 相(   ) 39. 惡(   )
40. 到(   ) 41. 基(   )
42. 鮮(   ) 43. 奉(   )
44. 朗(   ) 45. 仕(   )
46. 仙(   ) 47. 質(   )
48. 旅(   ) 49. 感(   )
50. 性(   ) 51. 通(   )
52. 洗(   ) 53. 京(   )
54. 勞(   ) 55. 美(   )
56. 束(   ) 57. 愛(   )
58. 臣(   )

※다음 밑줄 친 漢字語를 漢字로 쓰시오.

59. 대학등록금 인상으로 <u>가계</u>부담이 크다.
····················· (   )

60. <u>각부</u>에서 대표가 나오다.
····················· (   )

61. 불우이웃돕기에 <u>현물</u>을 내놓다.
····················· (   )

62. 요즘 <u>농업</u>도 기계화이다.
····················· (   )

63. 받은 편지에 <u>답신</u>을 보내다.
····················· (   )

64. 개인 실적을 <u>도표</u>로 나타내다.
····················· (   )

65. <u>방학</u>이 되면 여행을 떠나고 싶다.
····················· (   )

66. 거짓말이 <u>명백</u>하게 드러나다.
····················· (   )

67. <u>분모</u>가 클수록 몫은 작다.
····················· (   )

68. <u>사회</u>에서 필요한 인물이 되자.
····················· (   )

69. 무엇이든지 <u>시작</u>이 반이다.
····················· (   )

70. 동계올림픽에서 <u>신화</u>를 이루다.
····················· (   )

71. 자 없이 <u>직선</u> 긋기란 쉽지 않다.
····················· (   )

72. 나는 <u>체육</u> 시간이 좋다.
····················· (   )

73. 간혹 따뜻한 날씨속에 <u>춘설</u>이 내리기도 한다.
····················· (   )

※다음 訓과 音에 맞는 漢字를 쓰시오.

74. 노래 가(   )   75. 약할 약(   )

76. 몸 신(   )   77. 다행 행(   )

78. 바람 풍(   )

※다음 漢字의 반대자를 漢字로 쓰시오.

79. (   ) - 孫   80. 天 - (   )

81. (   ) - 死

※다음 漢字의 비슷한자를 漢字로 쓰시오.

82. 結 - (   )   83. 算 - (   )

84. 兒 - (   )

※다음 (   )안에 들어갈 漢字를 「예」에서 고르시오.

①語不   ②變心   ③時節   ④世界
⑤花朝   ⑥言行   ⑦花開   ⑧時代

85. 自由(   )   86. (   )成說

87. 太古(   )   88. (   )月夕

※다음 소리는 같으나 뜻이 다른 漢字를 찾으시오.

①溫   ②觀   ③音   ④意   ⑤光   ⑥情

89. 關(   )   90. 廣(   )   91. 庭(   )

※다음 漢字語의 뜻을 쓰시오.

92. 見聞 : (   )

93. 例示 : (   )

94. 敬意 : (   )

※다음 漢字의 略字(약자 : 획수를 줄인 漢字)를 쓰시오.

95. 藥(   )   96. 氣(   )   97. 同(   )

※다음 漢字에서 진하게 표시한 획은 몇 번째 쓰는지 <例>에서 찾아 그 번호를 쓰시오.

①1번째   ②2번째   ③3번째   ④4번째
⑤5번째   ⑥6번째   ⑦7번째   ⑧8번째
⑨9번째   ⑩10번째   ⑪11번째   ⑫12번째

98. (   )   99. (   )   100. (   )

永 族 草

■ 사단법인 한국어문회·한자능력검정회 주관

수험번호 □□□-□□-□□□□
성명 □□□□□
주민등록번호 □□□□□□-□□□□□□□
※ 유성 싸인펜, 붉은색 필기구 사용 불가.

※답안지는 컴퓨터로 처리되므로 구기거나 더럽히지 마시고, 정답 칸 안에만 쓰십시오. 글씨가 채점란으로 들어오면 오답처리가 됩니다.

전국한자능력검정시험 5급Ⅱ 답안지(1)

번호	답안란	채점	번호	답안란	채점	번호	답안란	채점	번호	답안란	채점
1			12			23			34		
2			13			24			35		
3			14			25			36		
4			15			26			37		
5			16			27			38		
6			17			28			39		
7			18			29			40		
8			19			30			41		
9			20			31			42		
10			21			32			43		
11			22			33			44		

※뒷면으로 이어짐 ■

·· 절 취 선 ··

성명 [   ]

6Ⅱ ③	비로소 시 ( )	약 약 ( )	옮길 운 ( )
살필 성 ( )	귀신 신 ( )	약할 약 ( )	마실 음 ( )
이룰 성 ( )	몸 신 ( )	업 업 ( )	소리 음 ( )
사라질 소 ( )	믿을 신 ( )	날랠 용 ( )	뜻 의 ( )
재주 술 ( )	새 신 ( )	쓸 용 ( )	어제 작 ( )

성명 [   ]

6Ⅱ ④	제목 제 ( )	맑을 청 ( )	나타날현 ( )
지을 작 ( )	차례 제 ( )	몸 체 ( )	모양 형 ( )
재주 재 ( )	부을 주 ( )	겉 표 ( )	화할 화 ( )
싸울 전 ( )	모을 집 ( )	바람 풍 ( )	모일 회 ( )
뜰 정 ( )	창 창 ( )	다행 행 ( )	△

·· 절 취 선 ··

전국한자능력검정시험 5급Ⅱ 답안지(2)

번호	답안란	채점	번호	답안란	채점	번호	답안란	채점	번호	답안란	채점
45			59			73			87		
46			60			74			88		
47			61			75			89		
48			62			76			90		
49			63			77			91		
50			64			78			92		
51			65			79			93		
52			66			80			94		
53			67			81			95		
54			68			82			96		
55			69			83			97		
56			70			84			98		
57			71			85			99		
58			72			86			100		

第8回 한자능력검정시험 5급Ⅱ

(시험시간 : 50분)

※다음 밑줄 친 漢字語의 讀音을 쓰시오.

1. 基本( )
2. 傳說( )
3. 責望( )
4. 團結( )
5. 德性( )
6. 節約( )
7. 知識( )
8. 能力( )
9. 宅內( )
10. 雲雨( )
11. 主流( )
12. 農村( )
13. 幸福( )
14. 來週( )
15. 順行( )
16. 字典( )
17. 當然( )
18. 到着( )
19. 展開( )
20. 入養( )

21. 성인이 되면 獨立해서 살고 싶다.
………………………… ( )
22. 産苦의 고통을 어디에다 비하리.
………………………… ( )
23. 은행에서 元金은 보장해 줘야 한다.
………………………… ( )
24. 나는 성격이 明朗하다.
………………………… ( )
25. 항상 情感어린 목소리.
………………………… ( )
26. 햇볕에 노출되면 變色된다.
………………………… ( )
27. 財界 인사들이 다 모였다.
………………………… ( )
28. 음식을 가려먹으면 藥效가 좋다.
………………………… ( )
29. 반장으로 任命 받았다.
………………………… ( )

30. 옛날 便所는 무섭다.
………………………… ( )
31. 독서하고 見聞을 넓혀야 한다.
………………………… ( )
32. 경찰들이 거수로 敬禮한다.
………………………… ( )
33. 어디서 본 듯 舊面이다.
………………………… ( )
34. 그 집안의 法度를 따라야한다.
………………………… ( )
35. 회사에서 勞使 타협이 잘 이루어졌다.
………………………… ( )

※다음 漢字의 訓과 音을 쓰시오.

36. 價( )
37. 廣( )
38. 商( )
39. 兵( )
40. 格( )
41. 兒( )
42. 品( )
43. 調( )
44. 告( )
45. 念( )
46. 練( )
47. 史( )
48. 筆( )
49. 洋( )
50. 類( )
51. 番( )
52. 首( )
53. 病( )
54. 宿( )
55. 根( )
56. 陸( )
57. 待( )
58. 凶( )

※다음 밑줄 친 漢字語를 漢字로 쓰시오.

59. 이번 사업은 <u>가운</u>이 달려있다.
································ (   )

60. <u>각형</u>은 뾰족해서 위험하다.
································ (   )

61. 정규방송시간에 <u>단신</u>이 들어왔다.
································ (   )

62. 모든 사람이 <u>동등</u>한 대우를 받길 원한다.
································ (   )

63. 휴일에 놀이공원을 <u>이용</u>하다.
································ (   )

64. 삼촌은 산에서 <u>임업</u>을 하신다.
································ (   )

65. 부모님은 나의 꿈을 <u>반대</u> 하신다.
································ (   )

66. 2018년 평창동계올림픽 유치는 <u>성과</u>가 좋았다.
································ (   )

67. 크게 다쳐서 오늘 <u>수술</u> 하였다.
································ (   )

68. <u>시대</u>에 뒤떨어지지 않도록 노력하자.
································ (   )

69. <u>신년</u>에는 한해의 무탈을 빈다.
································ (   )

70. 집안의 <u>시조</u>는 알고 있어야 한다.
································ (   )

71. 채소들이 토양의 영양부족으로 <u>발육</u>이 늦다.
································ (   )

72. 오늘 일이 <u>의외</u>로 빨리 끝났다.
································ (   )

73. <u>음악</u>시간은 즐겁다.
································ (   )

※다음 訓과 音에 맞는 漢字를 쓰시오.

74. 말씀 어(   ) 75. 모일 사(   )

76. 이제 금(   ) 77. 마실 음(   )

78. 놓을 방(   )

※다음 漢字의 반대자를 漢字로 쓰시오.

79. 上 - (   ) 80. 心 - (   )

81. 問 - (   )

※다음 漢字의 비슷한자를 골라 번호를 쓰시오.

①失 ②遠 ③園 ④夫 ⑤速 ⑥朝

82. 永(   ) 83. 過(   ) 84. 急(   )

※다음 뜻에 맞는 사자성어의 ( )안에 제시된 글자를 漢字로 쓰시오.

85. 民族 (정기) ········ (   )
: 한 민족의 얼이 깃든 기운.

86. 特別 (활동) ········ (   )
: 정식 교과목 이외의 특별 학습.

87. 草食 (동물) ········ (   )
: 풀을 주식으로 하는 동물

88. 中部 (지방) ········ (   )
: 어떤 지역의 가운데 위치한 곳.

※다음 뜻풀이에 해당하는 단어를 동음이의어 중에서 찾아 번호를 쓰시오.

89. 정신수양하는 서예를 일컫는 말 (   )
① 書道   ② 書圖

90. 먹은 음식을 삭임 (   )
① 消化   ② 消火

91. 실제로 검사하거나 조사함 ······ (   )
① 實事   ② 實査

※다음 뜻에 맞는 단어를 한글과 한자로 쓰시오.

<예> 책을 읽음 : (독서)-(讀書)

92. 어제.
··············· (   )-(   )

93. 곧은 선.
··············· (   )-(   )

94. 바닷바람.
··············· (   )-(   )

※다음 漢字의 略字(약자 : 획수를 줄인 漢字)를 쓰시오.

95. 世(   ) 96. 國(   ) 97. 萬(   )

※다음 漢字에서 진하게 표시한 획은 몇 번째 쓰는지 <例>에서 찾아 그 번호를 쓰시오.

①1번째   ②2번째   ③3번째   ④4번째
⑤5번째   ⑥6번째   ⑦7번째   ⑧8번째

98. (   ) 99. (   ) 100. (   )

球 具 級

수험번호 □□□-□□-□□□□
성명 □□□□□
주민등록번호 □□□□□□-□□□□□□□
※ 유성 싸인펜, 붉은색 필기구 사용 불가.

※답안지는 컴퓨터로 처리되므로 구기거나 더럽히지 마시고, 정답 칸 안에만 쓰십시오. 글씨가 채점란으로 들어오면 오답처리가 됩니다.

전국한자능력검정시험 5급Ⅱ 답안지(1)

번호	답안란	채점	번호	답안란	채점	번호	답안란	채점	번호	답안란	채점
1			12			23			34		
2			13			24			35		
3			14			25			36		
4			15			26			37		
5			16			27			38		
6			17			28			39		
7			18			29			40		
8			19			30			41		
9			20			31			42		
10			21			32			43		
11			22			33			44		

※뒷면으로 이어짐

························· 절 취 선 ·························

성명 [   ]

7급 ①

▽

노래 가 (   )
입 구 (   )

기 기 (   )
겨울 동 (   )
골 동 (   )
한가지 동 (   )

오를 등 (   )
올 래 (   )
늙을 로 (   )
마을 리 (   )

수풀 림 (   )
낯 면 (   )
목숨 명 (   )

성명 [   ]

7급 ②

일백 백 (   ) 저녁 석 (   ) 심을 식 (   )

▽

지아비부 (   ) 바 소 (   ) 마음 심 (   )

글월 문 (   ) 셈 산 (   ) 적을 소 (   ) 말씀 어 (   )

물을 문 (   ) 빛 색 (   ) 셈 수 (   )

·························· 절 취 선 ··························

전국한자능력검정시험 5급Ⅱ 답안지(2)

번호	답안란	채점	번호	답안란	채점	번호	답안란	채점	번호	답안란	채점
45			59			73			87		
46			60			74			88		
47			61			75			89		
48			62			76			90		
49			63			77			91		
50			64			78			92		
51			65			79			93		
52			66			80			94		
53			67			81			95		
54			68			82			96		
55			69			83			97		
56			70			84			98		
57			71			85			99		
58			72			86			100		

6級 Ⅱ ▷중간점검용◁

성명 [   ]
정답 94쪽

① 各(　) 角(　) 計(　) 界(　) 高(　) 功(　) 公(　) 共(　) 科(　) 果(　) 光(　) 球(　) 今(　) 急(　) 短(　) 堂(　) 代(　) 對(　) 圖(　)

② 讀(　) 童(　) 等(　) 樂(　) 利(　) 理(　) 明(　) 聞(　) 班(　) 反(　) 半(　) 發(　) 放(　) 部(　) 分(　) 社(　) 書(　) 線(　) 雪(　)

③ 省(　) 成(　) 消(　) 術(　) 始(　) 神(　) 身(　) 信(　) 新(　) 藥(　) 弱(　) 業(　) 勇(　) 用(　) 運(　) 飮(　) 音(　) 意(　) 昨(　)

④ 作(　) 才(　) 戰(　) 庭(　) 題(　) 第(　) 注(　) 集(　) 窓(　) 淸(　) 體(　) 表(　) 風(　) 幸(　) 現(　) 形(　) 和(　) 會(　)

- 39 -

6Ⅱ 중간점검용

성명 [   ]

6級Ⅱ ▷중간점검용◁ 정답 94쪽

①	②	③	④
각각 각 ( )	읽을 독 ( )	살필 성 ( )	지을 작 ( )
뿔 각 ( )	아이 동 ( )	이룰 성 ( )	재주 재 ( )
셀 계 ( )	무리 등 ( )	사라질소 ( )	싸울 전 ( )
지경 계 ( )	즐길 락 ( )	재주 술 ( )	뜰 정 ( )
높을 고 ( )	이할 리 ( )	비로소시 ( )	제목 제 ( )
공 공 ( )	다스릴리 ( )	귀신 신 ( )	차례 제 ( )
공평할공 ( )	밝을 명 ( )	몸 신 ( )	부을 주 ( )
한가지공 ( )	들을 문 ( )	믿을 신 ( )	모을 집 ( )
과목 과 ( )	나눌 반 ( )	새 신 ( )	창 창 ( )
실과 과 ( )	돌아올반 ( )	약 약 ( )	맑을 청 ( )
빛 광 ( )	반 반 ( )	약할 약 ( )	몸 체 ( )
공 구 ( )	필 발 ( )	업 업 ( )	겉 표 ( )
이제 금 ( )	놓을 방 ( )	날랠 용 ( )	바람 풍 ( )
급할 급 ( )	떼 부 ( )	쓸 용 ( )	다행 행 ( )
짧을 단 ( )	나눌 분 ( )	옮길 운 ( )	나타날현 ( )
집 당 ( )	모일 사 ( )	마실 음 ( )	모양 형 ( )
대신 대 ( )	글 서 ( )	소리 음 ( )	화할 화 ( )
대할 대 ( )	줄 선 ( )	뜻 의 ( )	모일 회 ( )
그림 도 ( )	눈 설 ( )	어제 작 ( )	

- 40 -

6Ⅱ 중간점검용

第9回 한자능력검정시험 5급Ⅱ

(시험시간 : 50분) 시험시작시간   時   分
              시험종료시간   時   分

※다음 밑줄 친 漢字語의 讀音을 쓰시오.

1. 會友(   )   2. 感知(   )
3. 必死(   )   4. 年歲(   )
5. 休養(   )   6. 結束(   )
7. 信念(   )   8. 言語(   )
9. 筆頭(   ) 10. 計畫(   )
11. 品格(   ) 12. 洋藥(   )
13. 元來(   ) 14. 公約(   )
15. 雲雨(   ) 16. 人類(   )
17. 家臣(   ) 18. 過當(   )
19. 要部(   ) 20. 相面(   )

21. 어릴 때부터 쓰던 물건에 愛着이 간다.
    .... (   )
22. 봄이 되면 觀光을 많이 다니다.
    .... (   )
23. 사무국 局長님 인사말씀이 있었다.
    .... (   )
24. 切望이란 간절히 바라는 것을 말한다.
    .... (   )
25. 이 일은 今週로 마쳐야한다.
    .... (   )
26. 파랑 노랑을 調合 하면 초록이 된다.
    .... (   )
27. 남몰래 德業을 쌓는다.
    .... (   )
28. 銀行에서 현금을 찾는다.
    .... (   )
29. 識者는 아는 사람을 말한다.
    .... (   )
30. 新聞에는 항상 새로운 소식이 실린다.
    .... (   )
31. 惡法도 법이다 라는 명언이 있다.
    .... (   )
32. 집을 떠나 遠路에 고생이 많다.
    .... (   )
33. 부모님 財産을 물려받다.
    .... (   )
34. 크루즈호가 부산항에 上陸 했다.
    .... (   )
35. 性急한 성격이라 우왕좌왕한다.
    .... (   )

※다음 漢字의 訓과 音을 쓰시오.

36. 偉(   )   37. 節(   )
38. 見(   )   39. 店(   )
40. 說(   )   41. 情(   )
42. 任(   )   43. 福(   )
44. 敬(   )   45. 卒(   )
46. 歷(   )   47. 能(   )
48. 課(   )   49. 團(   )
50. 典(   )   51. 失(   )
52. 流(   )   53. 親(   )
54. 展(   )   55. 由(   )
56. 效(   )   57. 號(   )
58. 順(   )

자꾸 공부 하고픈 책 모의고사문제집　　　　　　　제9회

※다음 밑줄 친 漢字語를 漢字로 쓰시오.

59. 우리집은 <u>화기</u>애애 합니다.
　………………………… (　　　　　)

60. 겨울 <u>해풍</u>은 너무 차갑다.
　………………………… (　　　　　)

61. 달리기시합엔 <u>출발</u> 지점을 잘 지키자.
　………………………… (　　　　　)

62. <u>춘분</u>은 낮과 밤 길이가 같다.
　………………………… (　　　　　)

63. 여름에는 <u>체력</u>이 떨어진다.
　………………………… (　　　　　)

64. 그의 죄가 <u>청천백일</u> 하에 드러났다.
　………………………… (　　　　　)

65. <u>창문</u>이 크면 햇볕이 많이 들어온다.
　………………………… (　　　　　)

66. <u>집성</u>된 사진으로 앨범을 만들다.
　………………………… (　　　　　)

67. 우리나라의 <u>지형</u>은 호랑이 형상이다.
　………………………… (　　　　　)

68. 야외에서 <u>족구</u>시합을 하다.
　………………………… (　　　　　)

69. <u>전장</u>에 나간 장수가 돌아오다.
　………………………… (　　　　　)

70. 우리 조카는 학교에서 <u>재동</u>이다.
　………………………… (　　　　　)

71. 아기의 이름을 <u>작명</u>하다.
　………………………… (　　　　　)

72. 한문으로 된 책을 <u>음독</u>하다.
　………………………… (　　　　　)

73. 네티즌들이 정보를 <u>공유</u>하다.
　………………………… (　　　　　)

※다음 訓과 音에 맞는 漢字를 쓰시오.

74. 있을 유 (　　　　)　75. 날랠 용 (　　　　)

76. 과목 과 (　　　　)　77. 집　　당 (　　　　)

78. 돌아올반 (　　　　)

※다음 漢字의 반대자를 漢字로 쓰시오.

79. 大 - (　　　　)　80. 物 - (　　　　)

81. 男 - (　　　　)

※다음 漢字의 비슷한자를 漢字로 쓰시오.

82. (　　　　) - 訓　83. (　　　　) - 朗

84. (　　　　) - 章

※다음 (　)안에 들어갈 漢字를 「예」에서 고르시오.

① 直告	② 醫學	③ 不動
④ 不同	⑤ 活動	⑥ 美學

85. 類萬 (　　　　)　86. 以實 (　　　　)

87. 現代 (　　　　)　88. 特別 (　　　　)

※다음 소리는 같으나 뜻이 다른 漢字를 찾으시오.

①園	②仙	③理	④利
⑤溫	⑥舊	⑦到	⑧果

89. 具 (　　　)　90. 鮮 (　　　)　91. 圖 (　　　)

※다음 뜻풀이에 맞는 漢字語를 「예」에서 찾아
　그 번호를 쓰시오.

① 意中	② 飲用	③ 質問
④ 意表	⑤ 飲食	⑥ 質責

92. 마음속 ………………… (　　　　　)

93. 마시는 데 씀 …………… (　　　　　)

94. 잘못을 꾸짖음 …………… (　　　　　)

※다음 漢字의 略字(약자 : 획수를 줄인 漢字)를 쓰시오.

95. 定 (　　　)　96. 價 (　　　)　97. 關 (　　　)

※다음 漢字에서 진하게 표시한 획은 몇 번째 쓰는지
　<例>에서 찾아 그 번호를 쓰시오.

①1번째	②2번째	③3번째	④4번째
⑤5번째	⑥6번째	⑦7번째	⑧8번째
⑨9번째	⑩10번째	⑪11번째	⑫12번째

98. (　　　)　99. (　　　)　100. (　　　)

線　衣　命

■ 사단법인 한국어문회·한자능력검정회 주관

수험번호 □□□-□□-□□□□ 성명 □□□□□
주민등록번호 □□□□□□-□□□□□□□
※ 유성 싸인펜, 붉은색 필기구 사용 불가.

※답안지는 컴퓨터로 처리되므로 구기거나 더럽히지 마시고, 정답 칸 안에만 쓰십시오. 글씨가 채점란으로 들어오면 오답처리가 됩니다.

전국한자능력검정시험 5급Ⅱ 답안지(1)

번호	답안란	채점	번호	답안란	채점	번호	답안란	채점	번호	답안란	채점
1			12			23			34		
2			13			24			35		
3			14			25			36		
4			15			26			37		
5			16			27			38		
6			17			28			39		
7			18			29			40		
8			19			30			41		
9			20			31			42		
10			21			32			43		
11			22			33			44		

※뒷면으로 이어짐

·· 절 취 선 ··

성명 [   ]

7급 ③	기를 육 ( )	할아비 조 ( )	땅 지 ( )
▽	고을 읍 ( )	살 주 ( )	종이 지 ( )
그럴 연 ( )	들 입 ( )	주인 주 ( )	내 천 ( )
있을 유 ( )	글자 자 ( )	무거울 중 ( )	

성명 [   ]

7급 ④

| 일천 천 (|) | 마을 촌 (|) | 편할 편 (|) |

일천 천 (   )   가을 추 (   )   여름 하 (   )

하늘 천 (   )   봄 춘 (   )   꽃 화 (   )

풀 초 (   )   날 출 (   )   쉴 휴 (   )

················· 절 취 선 ·················

전국한자능력검정시험 5급Ⅱ 답안지(2)

번호	답안란	채점	번호	답안란	채점	번호	답안란	채점	번호	답안란	채점
45			59			73			87		
46			60			74			88		
47			61			75			89		
48			62			76			90		
49			63			77			91		
50			64			78			92		
51			65			79			93		
52			66			80			94		
53			67			81			95		
54			68			82			96		
55			69			83			97		
56			70			84			98		
57			71			85			99		
58			72			86			100		

第10回　한자능력검정시험　5급 II

(시험시간 : 50분)　시험시작시간　時　分
　　　　　　　　　　시험종료시간　時　分

※다음 밑줄 친 漢字語의 讀音을 쓰시오.

1. 學習 (　　)
2. 窓口 (　　)
3. 雲海 (　　)
4. 所望 (　　)
5. 雨後 (　　)
6. 參見 (　　)
7. 前週 (　　)
8. 相等 (　　)
9. 表情 (　　)
10. 知能 (　　)
11. 要約 (　　)
12. 性品 (　　)
13. 親交 (　　)
14. 反語 (　　)
15. 理法 (　　)
16. 部類 (　　)
17. 充當 (　　)
18. 切實 (　　)
19. 藥物 (　　)
20. 商術 (　　)

21. 우리나라는 이십사 節氣가 있다. (　　)
22. 내가 不德하여 일이 잘못 되었다. (　　)
23. 고객의 變心으로 물건을 교환하다. (　　)
24. 회사에서 重責을 맡고 있다. (　　)
25. 고리대금업자는 惡質이다. (　　)
26. 우리나라는 高速 성장했다. (　　)
27. 나는 고아라서 養母께서 길러주셨다. (　　)
28. 한자 科目을 제일 좋아한다. (　　)
29. 기계로 많은 제품을 生産 시키고 있다. (　　)
30. 도시 강변 둑에 綠化 사업을 하다. (　　)
31. 洗手하고 정신 차리자. (　　)
32. 쌍둥이 형과 아우를 區別 할까? (　　)
33. 式順에 맞춰 행사를 하다. (　　)
34. 모임에는 基金이 필요하다. (　　)
35. 歷史를 바로 알고 배우자. (　　)

※다음 漢字의 訓과 音을 쓰시오.

36. 客 (　　)
37. 舊 (　　)
38. 元 (　　)
39. 局 (　　)
40. 以 (　　)
41. 己 (　　)
42. 結 (　　)
43. 種 (　　)
44. 良 (　　)
45. 友 (　　)
46. 材 (　　)
47. 州 (　　)
48. 必 (　　)
49. 近 (　　)
50. 害 (　　)
51. 多 (　　)
52. 過 (　　)
53. 禮 (　　)
54. 關 (　　)
55. 夜 (　　)
56. 識 (　　)
57. 溫 (　　)
58. 具 (　　)

※다음 밑줄 친 漢字語를 漢字로 쓰시오.

59. 오늘 업무 마치고 회식이 있다.
………………… (   )

60. 만족을 알면 화평한 기운이 돈다.
………………… (   )

61. 범인이 현장에서 체포 되었다.
………………… (   )

62. 풍력발전소도 있다.
………………… (   )

63. 지도를 보고 여행을 하다.
………………… (   )

64. 불은 항상 주의해야 한다.
………………… (   )

65. 휴일에는 놀이공원을 이용하다.
………………… (   )

66. 외계의 변화에 적응하다.
………………… (   )

67. 업주들이 단합하여 가격을 인상하다.
………………… (   )

68. 계곡물이 불어나면 대피가 시급하다.
………………… (   )

69. 오늘의 문제는 무엇일까요?
………………… (   )

70. 공공요금이 인상되면 다른 물가도 오른다.
………………… (   )

71. 어릴 적 독서가 기억에 남는다.
………………… (   )

72. 만 20세가 되면 성년이다.
………………… (   )

73. 경찰심문에 불응하면 신상에 안 좋다.
………………… (   )

※다음 訓과 音에 맞는 漢字를 쓰시오.

74. 목숨 명(   ) 75. 뜰 정(   )

76. 줄 선(   ) 77. 모을 집(   )

78. 지을 작(   )

※다음 漢字의 반대자를 골라 번호를 쓰시오.

> ①畫 ②合 ③着 ④活 ⑤答 ⑥話

79. 發(   ) 80. 分(   ) 81. 死(   )

※다음 漢字의 비슷한자를 골라 번호를 쓰시오.

> ①卒 ②本 ③産 ④樹 ⑤法 ⑥算

82. 根(   ) 83. 兵(   ) 84. 財(   )

※다음 뜻에 맞는 사자성어의 (   )안에 제시된 글자를 漢字로 쓰시오.

85. (초가) 三間 ……… (   )
: 볏짚으로 지붕 이은 작은 집

86. (천하) 第一 ……… (   )
: 이 세상에서 첫 번째

87. (토목) 工事 ……… (   )
: 도로, 둑, 항만, 철도를 건설하는 일

88. (국민) 敎育 ……… (   )
: 국민이면 받아야 할 교육

※다음 뜻풀이에 해당하는 단어를 동음이의어 중에서 찾아 번호를 쓰시오.

89. 사물을 보거나 생각하는 방향 … (   )
① 各道   ② 角度

90. 양자가 맞서서 이기고 짐 ……… (   )
① 代決   ② 對決

91. 새롭고 산뜻함 ……………… (   )
① 新鮮   ② 神仙

※다음 漢字語의 뜻을 쓰시오.

92. 傳說 : (   )

93. 旅行 : (   )

94. 廣告 : (   )

※다음 漢字의 略字(약자 : 획수를 줄인 漢字)를 쓰시오.

95. 體(   ) 96. 來(   ) 97. 數(   )

※다음 漢字에서 진하게 표시한 획은 몇 번째 쓰는지 <例>에서 찾아 그 번호를 쓰시오.

> ①1번째 ②2번째 ③3번째 ④4번째
> ⑤5번째 ⑥6번째 ⑦7번째 ⑧8번째
> ⑨9번째 ⑩10번째 ⑪11번째 ⑫12번째

98. (   ) 99. (   ) 100. (   )

病 幸 紙

■ 사단법인 한국어문회·한자능력검정회 주관

수험번호 □□□-□□-□□□□
성명 □□□□□
주민등록번호 □□□□□□-□□□□□□□
※ 유성 싸인펜, 붉은색 필기구 사용 불가.

※답안지는 컴퓨터로 처리되므로 구기거나 더럽히지 마시고, 정답 칸 안에만 쓰십시오. 글씨가 채점란으로 들어오면 오답처리가 됩니다.

전국한자능력검정시험 5급Ⅱ 답안지(1)

번호	답안란	채점	번호	답안란	채점	번호	답안란	채점	번호	답안란	채점
1			12			23			34		
2			13			24			35		
3			14			25			36		
4			15			26			37		
5			16			27			38		
6			17			28			39		
7			18			29			40		
8			19			30			41		
9			20			31			42		
10			21			32			43		
11			22			33			44		

※뒷면으로 이어짐

· 절 취 선 ·

성명 [   ]

7Ⅱ ①

▽

강 강 ( )	기록할 기 ( )	농사 농 ( )
수레 거 ( )	기운 기 ( )	대답 답 ( )
집 가 ( )	빌 공 ( )	사내 남 ( )
사이 간 ( )	장인 공 ( )	안 내 ( )

성명 [   ]

7Ⅱ ②	힘　　력 (　　)	물건 물 (　　)	위　　상 (　　)
▽	설　　립 (　　)	모　　방 (　　)	성　　성 (　　)
길　　도 (　　)	매양 매 (　　)	아닐 불 (　　)	
움직일동 (　　)	이름 명 (　　)	일　　사 (　　)	

·················· 절　취　선 ··················

전국한자능력검정시험　5급Ⅱ　답안지(2)

번호	답안란	채점	번호	답안란	채점	번호	답안란	채점	번호	답안란	채점
45			59			73			87		
46			60			74			88		
47			61			75			89		
48			62			76			90		
49			63			77			91		
50			64			78			92		
51			65			79			93		
52			66			80			94		
53			67			81			95		
54			68			82			96		
55			69			83			97		
56			70			84			98		
57			71			85			99		
58			72			86			100		

성명 [   ]

第11回 한자능력검정시험 5급II

(시험시간 : 50분) 시험시작시간　時　　分
시험종료시간　時　　分

※다음 밑줄 친 漢字語의 讀音을 쓰시오.

1. 結實(   )
2. 過客(   )
3. 直線(   )
4. 神明(   )
5. 決意(   )
6. 課業(   )
7. 主題(   )
8. 筆答(   )
9. 計算(   )
10. 關心(   )
11. 種子(   )
12. 首長(   )
13. 告發(   )
14. 廣大(   )
15. 飮食(   )
16. 洗面(   )
17. 公的(   )
18. 敎具(   )
19. 惡德(   )
20. 性質(   )

21. 우리 사회는 急變하고 있다.
　………………………… (   )
22. 바다에서 보는 夕陽은 멋지다.
　………………………… (   )
23. 요즘은 金銀값이 많이 올랐다.
　………………………… (   )
24. 나의 장래희망은 記者이다.
　………………………… (   )
25. 행동은 能動적으로 해야 한다.
　………………………… (   )
26. 産室에서 우렁찬 아기 울음소리가 들려왔다.
　………………………… (   )
27. 오랜 시간 걸려서 한양에 當到하다.
　………………………… (   )
28. 2년마다 光州 비엔날레가 열린다.
　………………………… (   )
29. 일을 始作했으면 열심히 한다.
　………………………… (   )

30. 생선은 新鮮도가 중요하다.
　………………………… (   )
31. 市場에는 온갖 물건들이 많다.
　………………………… (   )
32. 과자에 有害 색소를 쓰면 안된다.
　………………………… (   )
33. 史學 전공자가 유물 고증을 하다.
　………………………… (   )
34. 태권도장에서 道服으로 갈아입다.
　………………………… (   )
35. 가문의 法度를 따라야 한다.
　………………………… (   )

※다음 漢字의 訓과 音을 쓰시오.

36. 着(   )
37. 望(   )
38. 雲(   )
39. 奉(   )
40. 參(   )
41. 約(   )
42. 獨(   )
43. 養(   )
44. 責(   )
45. 週(   )
46. 朗(   )
47. 要(   )
48. 旅(   )
49. 區(   )
50. 歲(   )
51. 園(   )
52. 勞(   )
53. 特(   )
54. 化(   )
55. 太(   )
56. 觀(   )
57. 交(   )
58. 切(   )

제11회

※다음 밑줄 친 漢字語를 漢字로 쓰시오.

59. <u>회사</u>에 일찍 출근을 했다.
…………………………… (   )

60. 반가운 친구를 만나면 <u>화색</u>이 돈다.
…………………………… (   )

61. 설악산엔 <u>풍설</u>이 많이 분다.
…………………………… (   )

62. 마음을 <u>표현</u>해야 상대가 안다.
…………………………… (   )

63. 짚으로 지붕을 이어 <u>초당</u>을 짓는다.
…………………………… (   )

64. 과식을 해서 <u>체중</u>이 불었다.
…………………………… (   )

65. <u>청과</u>시장에는 과일이 많다.
…………………………… (   )

66. 머리가 좋은 우리 조카는 <u>재동</u>이다.
…………………………… (   )

67. 뜰에서 <u>정구</u>를 치다.
…………………………… (   )

68. 좋은 일이 있는지 <u>신수</u>가 훤하다.
…………………………… (   )

69. 교통사고는 그 사람의 <u>운명</u>이었다.
…………………………… (   )

70. <u>분수</u>는 분모와 분자로 표기된다.
…………………………… (   )

71. <u>만대</u>에 길이 남을 업적.
…………………………… (   )

72. <u>고조</u>할아버지의 묘소를 찾아뵙다.
…………………………… (   )

73. 오늘은 <u>동창</u>을 만나는 날이다.
…………………………… (   )

※다음 訓과 音에 맞는 漢字를 쓰시오.

74. 모양 형(   ) 75. 떼 부(   )

76. 소리 음(   ) 77. 그럴 연(   )

78. 다스릴 리(   )

※다음 漢字의 반대자를 漢字로 쓰시오.

79. 前 - (   ) 80. 天 - (   )

81. 春 - (   )

※다음 漢字의 비슷한자를 漢字로 쓰시오.

82. 生 - (   ) 83. 樹 - (   )

84. 言 - (   )

※다음 (   )안에 들어갈 漢字를 「예」에서 고르시오.

| ①交通 | ②聞一 | ③禮節 | ④良藥 |
| ⑤類別 | ⑥家電 | ⑦開通 | ⑧問一 |

85. (   )用品 86. (   )安全

87. (   )知十 88. (   )苦口

※다음 소리는 같으나 뜻이 다른 漢字를 찾으시오.

①集 ②短 ③第 ④己 ⑤在 ⑥弟

89. 基(   ) 90. 團(   ) 91. 財(   )

※다음 뜻에 맞는 단어를 한글과 한자로 쓰시오.

<예> 나라의 노래 : (국가)-(國歌)

92. 얼굴을 대하여 얘기함.
………………… (   )-(   )

93. 책을 읽음.
………………… (   )-(   )

94. 편하고 이로움.
………………… (   )-(   )

※다음 漢字의 略字(약자 : 획수를 줄인 漢字)를 쓰시오.

95. 戰(   ) 96. 圖(   ) 97. 氣(   )

※다음 漢字에서 진하게 표시한 획은 몇 번째 쓰는지 <例>에서 찾아 그 번호를 쓰시오.

①1번째	②2번째	③3번째	④4번째
⑤5번째	⑥6번째	⑦7번째	⑧8번째
⑨9번째	⑩10번째	⑪11번째	⑫12번째

98. (   ) 99. (   ) 100. (   )

式 敬 登

- 50 -

전국한자능력검정시험 5급 II 답안지(1)

번호	답안란	번호	답안란	번호	답안란	번호	답안란
1		12		23		34	
2		13		24		35	
3		14		25		36	
4		15		26		37	
5		16		27		38	
6		17		28		39	
7		18		29		40	
8		19		30		41	
9		20		31		42	
10		21		32		43	
11		22		33		44	

※ 뒷면으로 이어짐

------- 절 취 선 -------

성명 [   ]

7 II ③

▽

	때 시 ( )	낮 오 ( )	마당 장 ( )
	저자 시 ( )	오른 우 ( )	번개 전 ( )
인간 세 ( )	먹을 식 ( )	스스로 자 ( )	앞 전 ( )
손 수 ( )	편안 안 ( )	아들 자 ( )	온전 전 ( )

성명 [   ]

7Ⅱ ④　　　　왼　　좌 (　　　)　한수 한 (　　　)　효도 효 (　　　)

　　　▽　　　　곧을 직 (　　　)　바다 해 (　　　)　뒤　후 (　　　)

바를 정 (　　　)　평평할평 (　　　)　말씀 화 (　　　)

발　족 (　　　)　아래 하 (　　　)　살　활 (　　　)

·························· 절 취 선 ··························

전국한자능력검정시험　5급Ⅱ　답안지(2)

번호	답안란	채점	번호	답안란	채점	번호	답안란	채점	번호	답안란	채점
45			59			73			87		
46			60			74			88		
47			61			75			89		
48			62			76			90		
49			63			77			91		
50			64			78			92		
51			65			79			93		
52			66			80			94		
53			67			81			95		
54			68			82			96		
55			69			83			97		
56			70			84			98		
57			71			85			99		
58			72			86			100		

第12回 한자능력검정시험 5급Ⅱ

(시험시간 : 50분) 시험시작시간 時 分
시험종료시간 時 分

※다음 밑줄 친 漢字語의 讀音을 쓰시오.

1. 幸運(　　)
2. 當代(　　)
3. 角木(　　)
4. 愛重(　　)
5. 品目(　　)
6. 卒業(　　)
7. 見責(　　)
8. 德望(　　)
9. 便紙(　　)
10. 調和(　　)
11. 結集(　　)
12. 到來(　　)
13. 過度(　　)
14. 任地(　　)
15. 舊式(　　)
16. 童話(　　)
17. 直路(　　)
18. 自己(　　)
19. 具體(　　)
20. 良書(　　)

21. 성적향상에는 격려와 칭찬이 實效가 있었다. (　　)
22. 친구라도 철학과 理念이 다르다. (　　)
23. 부모는 자녀를 養育 할 의무가 있다. (　　)
24. 비가 많이 오면 강물의 流速도 빠르다. (　　)
25. 일정한 목적을 가지고 만들어진 社團법인. (　　)
26. 나는 필체가 좋지 못한 惡筆이다. (　　)
27. 野球의 묘미는 응원에 있다. (　　)
28. 키 순서대로 番號를 정한다. (　　)
29. 약속을 못 지키면 失言이 된다. (　　)
30. 하얀 수염에 한복 입은 모습은 神仙 같다. (　　)
31. 그녀는 수녀가 되는 것이 宿命이었다. (　　)
32. 산림원에 가면 樹林이 우거져 있다. (　　)
33. 시장에는 商會가 즐비하다. (　　)
34. 협조하는 것은 相生하는 길이다. (　　)
35. 친구들의 友情을 키워나가자. (　　)

※다음 漢字의 訓과 音을 쓰시오.

36. 價(　　)
37. 臣(　　)
38. 格(　　)
39. 變(　　)
40. 鮮(　　)
41. 兵(　　)
42. 仙(　　)
43. 仕(　　)
44. 洗(　　)
45. 産(　　)
46. 告(　　)
47. 質(　　)
48. 練(　　)
49. 苦(　　)
50. 束(　　)
51. 病(　　)
52. 類(　　)
53. 服(　　)
54. 首(　　)
55. 遠(　　)
56. 陸(　　)
57. 定(　　)
58. 法(　　)

※다음 밑줄 친 漢字語를 漢字로 쓰시오.

59. 집집마다 <u>가풍</u>이 다르다.
………………………… ( )

60. 물건값 <u>계산</u>이 잘못 되었다.
………………………… ( )

61. 옛날엔 <u>공동</u> 우물터가 있었다.
………………………… ( )

62. 자수하여 <u>광명</u> 찾자.
………………………… ( )

63. 몸에 해로운 <u>농약</u>은 줄이자.
………………………… ( )

64. <u>성형</u>한 그릇을 말려서 굽다.
………………………… ( )

65. <u>도면</u>에 있는 대로 만들자.
………………………… ( )

66. 시험이 끝나고 <u>등수</u>를 확인하다.
………………………… ( )

67. 대학에 <u>문과</u>를 지원 할 것이다.
………………………… ( )

68. 오늘은 수능시험 <u>발표</u> 날.
………………………… ( )

69. 게임에서 숫자가 적으면 <u>불리</u>하다.
………………………… ( )

70. 서예 <u>부문</u>에서 금상을 타다.
………………………… ( )

71. <u>신문</u>을 매일 잘 챙겨본다.
………………………… ( )

72. 공부를 많이 해서 <u>심신</u>이 피로하다.
………………………… ( )

73. 게임 <u>작전</u>을 잘 짜야 한다.
………………………… ( )

※다음 訓과 音에 맞는 漢字를 쓰시오.

74. 재주 재( ) 　75. 급할 급( )

76. 눈 설( ) 　77. 심을 식( )

78. 짧을 단( )

※다음 漢字의 반대자를 漢字로 쓰시오.

79. 先 - ( ) 　80. 手 - ( )

81. 強 - ( )

※다음 漢字의 비슷한자를 골라 번호를 쓰시오.

①約 ②識 ③各 ④學 ⑤性 ⑥客

82. 知( ) 83. 節( ) 84. 旅( )

※다음 뜻에 맞는 사자성어의 ( )안을 漢字로 쓰시오.

85. 決死( )對 ……… ( )
: 목숨을 내걸고 반대함.

86. 草食( )物 ……… ( )
: 풀을 먹고 사는 동물.

87. 男女( )別 ……… ( )
: 남녀사이에는 분별이 있어야 함.

88. 白衣( )族 ……… ( )
: 흰 옷을 즐겨 입는 민족.

※다음 뜻풀이에 해당하는 단어를 동음이의어 중에서 찾아 번호를 쓰시오.

89. 인간사회가 거쳐 온 변천의 모습 ( )
① 力士 　② 歷史

90. 한 개인 일생을 적은 기록 ……… ( )
① 電氣 　② 傳記

91. 아랫사람에게 가르침을 줌 ……… ( )
① 下校 　② 下敎

※다음 뜻풀이에 맞는 漢字語를 「예」에서 찾아 그 번호를 쓰시오.

① 天性 　② 注意 　③ 空間
④ 天然 　⑤ 注入 　⑥ 空中

92. 지구 표면을 둘러싸고 있는 공간 ( )

93. 마음에 새겨 조심함 ……… ( )

94. 선천적으로 타고난 성질 … ( )

※다음 漢字의 略字(약자 : 획수를 줄인 漢字)를 쓰시오.

95. 觀( ) 96. 廣( ) 97. 讀( )

※다음 漢字에서 진하게 표시한 획은 몇 번째 쓰는지 <例>에서 찾아 그 번호를 쓰시오.

①1번째 ②2번째 ③3번째 ④4번째
⑤5번째 ⑥6번째 ⑦7번째 ⑧8번째

98. ( ) 99. ( ) 100. ( )

旗 答 分

성명 [   ]

7級   ▷중간점검용◁   정답 94쪽

①	②	③	④
노래 가 ( )	글월 문 ( )	그럴 연 ( )	일천 천 ( )
입 구 ( )	물을 문 ( )	있을 유 ( )	하늘 천 ( )
기 기 ( )	일백 백 ( )	기를 육 ( )	풀 초 ( )
겨울 동 ( )	지아비 부 ( )	고을 읍 ( )	마을 촌 ( )
골 동 ( )	셈 산 ( )	들 입 ( )	가을 추 ( )
한가지 동 ( )	빛 색 ( )	글자 자 ( )	봄 춘 ( )
오를 등 ( )	저녁 석 ( )	할아비 조 ( )	날 출 ( )
올 래 ( )	바 소 ( )	살 주 ( )	편할 편 ( )
늙을 로 ( )	적을 소 ( )	주인 주 ( )	여름 하 ( )
마을 리 ( )	셈 수 ( )	무거울 중 ( )	꽃 화 ( )
수풀 림 ( )	심을 식 ( )	땅 지 ( )	쉴 휴 ( )
낯 면 ( )	마음 심 ( )	종이 지 ( )	
목숨 명 ( )	말씀 어 ( )	내 천 ( )	

7級 II   ▷중간점검용◁   정답 94쪽

①		②	
집 가 ( )	기록할 기 ( )	길 도 ( )	물건 물 ( )
사이 간 ( )	기운 기 ( )	움직일 동 ( )	모 방 ( )
강 강 ( )	사내 남 ( )	힘 력 ( )	아닐 불 ( )
수레 거 ( )	안 내 ( )	설 립 ( )	일 사 ( )
빌 공 ( )	농사 농 ( )	매양 매 ( )	위 상 ( )
장인 공 ( )	대답 답 ( )	이름 명 ( )	성 성 ( )

7급,7Ⅱ,8급 중간점검용

③

인간 세 ( )	오른 우 ( )
손 수 ( )	스스로자 ( )
때 시 ( )	아들 자 ( )
저자 시 ( )	마당 장 ( )
먹을 식 ( )	번개 전 ( )
편안 안 ( )	앞 전 ( )
낮 오 ( )	온전 전 ( )

④

바를 정 ( )	바다 해 ( )
발 족 ( )	말씀 화 ( )
왼 좌 ( )	살 활 ( )
곧을 직 ( )	효도 효 ( )
평평할평 ( )	뒤 후 ( )
아래 하 ( )	
한수 한 ( )	

8級　　　▷중간점검용◁　　　정답 94쪽

①	②	③	④
가르칠교 ( )	어미 모 ( )	작을 소 ( )	아우 제 ( )
학교 교 ( )	나무 목 ( )	물 수 ( )	가운데중 ( )
아홉 구 ( )	문 문 ( )	집 실 ( )	푸를 청 ( )
나라 국 ( )	백성 민 ( )	열 십 ( )	마디 촌 ( )
군사 군 ( )	흰 백 ( )	다섯 오 ( )	일곱 칠 ( )
쇠 금 ( )	아비 부 ( )	임금 왕 ( )	흙 토 ( )
남녘 남 ( )	북녘 북 ( )	바깥 외 ( )	여덟 팔 ( )
계집 녀 ( )	넉 사 ( )	달 월 ( )	배울 학 ( )
해 년 ( )	메 산 ( )	두 이 ( )	나라 한 ( )
큰 대 ( )	석 삼 ( )	사람 인 ( )	형 형 ( )
동녘 동 ( )	날 생 ( )	날 일 ( )	불 화 ( )
여섯 륙 ( )	서녘 서 ( )	한 일 ( )	
일만 만 ( )	먼저 선 ( )	긴 장 ( )	오자연습 합시다.

第13回 한자능력검정시험 5급 II

(시험시간 : 50분) 시험시작시간　　時　　分
　　　　　　　　시험종료시간　　時　　分

※ 다음 밑줄 친 漢字語의 讀音을 쓰시오.

1. 代筆(　　　)　2. 相等(　　　)
3. 靑綠(　　　)　4. 結草(　　　)
5. 來歷(　　　)　6. 奉命(　　　)
7. 主客(　　　)　8. 約數(　　　)
9. 良藥(　　　)　10. 美德(　　　)
11. 任意(　　　)　12. 勝者(　　　)
13. 旅團(　　　)　14. 法典(　　　)
15. 偉力(　　　)　16. 順風(　　　)
17. 流行(　　　)　18. 局地(　　　)
19. 溫情(　　　)　20. 變速(　　　)

21. 나의 別名은 특이하다. (　　　)
22. 안경을 끼면 鮮明하게 보인다. (　　　)
23. 한약의 效能이 좋다. (　　　)
24. 잘못을 하면 問責을 받는다. (　　　)
25. 한자는 部首를 잘 알아야 한다. (　　　)
26. 幸福하도록 노력해야 한다. (　　　)
27. 다른 약속이 있어서 모임에 不參하다. (　　　)
28. 어느 신문사에서 特種이 발표되었다. (　　　)
29. 見本을 보고 선택하다. (　　　)
30. 여행을 가면 宿食 제공이 된다. (　　　)
31. 일조량이 부족하면 凶年이 된다. (　　　)
32. 철기시대의 農具를 발견하다. (　　　)
33. 온고知新으로 발전하자. (　　　)
34. 오늘 저녁은 회사 當直이다. (　　　)
35. 세금을 내야 通關 된다. (　　　)

※ 다음 漢字의 訓과 音을 쓰시오.

36. 到(　　　)　37. 店(　　　)
38. 古(　　　)　39. 調(　　　)
40. 充(　　　)　41. 卒(　　　)
42. 性(　　　)　43. 兒(　　　)
44. 品(　　　)　45. 惡(　　　)
46. 財(　　　)　47. 基(　　　)
48. 的(　　　)　49. 念(　　　)
50. 課(　　　)　51. 史(　　　)
52. 展(　　　)　53. 路(　　　)
54. 傳(　　　)　55. 習(　　　)
56. 廣(　　　)　57. 永(　　　)
58. 節(　　　)

자꾸 공부 하고픈 책 모의고사문제집   제13회

※다음 밑줄 친 漢字語를 漢字로 쓰시오.

59. 임업을 위해서 산야가 필요하다.
   ································ (   )

60. 아파트 생활은 편리하다.
   ································ (   )

61. 관악기 3중주는 화음이 좋다.
   ································ (   )

62. 감정 표출은 자제해야 한다.
   ································ (   )

63. 공부할 땐 집중력이 필요하다.
   ································ (   )

64. 과학 용어를 이해하기 어렵다.
   ································ (   )

65. 신체가 건강해야 정신도 건강하다.
   ································ (   )

66. 노력한 결과 무역이 성사 되었다.
   ································ (   )

67. 소문은 발이 없다.
   ································ (   )

68. 세계를 여행하고 싶다.
   ································ (   )

69. 소화기 다루는 훈련이 필요하다.
   ································ (   )

70. 하교를 하면 서실에서 붓글씨를 쓴다.
   ································ (   )

71. 방심하다가 불이 난다.
   ································ (   )

72. 불이 난 시발점을 찾아 나섰다.
   ································ (   )

73. 나는 매일 운동을 한다.
   ································ (   )

※다음 訓과 音에 맞는 漢字를 쓰시오.

74. 셀   계(   )   75. 어제 작(   )

76. 공   구(   )   77. 여름 하(   )

78. 재주 술(   )

※다음 漢字의 반대자를 漢字로 쓰시오.

79. 苦 - (   )   80. 南 - (   )

81. 長 - (   )

※다음 漢字의 비슷한자를 漢字로 쓰시오.

82. (   ) - 歲   83. (   ) - 品

84. (   ) - 實

※다음 (   )안에 들어갈 漢字를 「예」에서 고르시오.

| ①教育 | ②四字 | ③圖形 | ④高價 |
| ⑤工場 | ⑥敬天 | ⑦生活 | ⑧公席 |

85. (   )愛人   86. 家庭(   )

87. (   )小學   88. 生産(   )

※다음 소리는 같으나 뜻이 다른 漢字를 찾으시오.

| ①角 | ②感 | ③開 | ④禮 |
| ⑤畫 | ⑥畵 | ⑦病 | ⑧銀 |

89. 各(   ) 90. 例(   ) 91. 兵(   )

※다음 漢字語의 뜻을 쓰시오.

92. 過分 : (   )

93. 朗讀 : (   )

94. 童話 : (   )

※다음 漢字의 略字(약자 : 획수를 줄인 漢字)를 쓰시오.

95. 舊(   ) 96. 對(   ) 97. 同(   )

※다음 漢字에서 진하게 표시한 획은 몇 번째 쓰는지
  <例>에서 찾아 그 번호를 쓰시오.

①1번째	②2번째	③3번째	④4번째
⑤5번째	⑥6번째	⑦7번째	⑧8번째
⑨9번째	⑩10번째	⑪11번째	⑫12번째

98. (   )   99. (   )   100. (   )

商 勇 面

- 58 -

■ 사단법인 한국어문회·한자능력검정회 주관

수험번호 □□□-□□-□□□□   성명 □□□□□
주민등록번호 □□□□□□-□□□□□□□
※ 유성 싸인펜, 붉은색 필기구 사용 불가.
※답안지는 컴퓨터로 처리되므로 구기거나 더럽히지 마시고, 정답 칸 안에만 쓰십시오. 글씨가 채점란으로 들어오면 오답처리가 됩니다.

전국한자능력검정시험 5급Ⅱ 답안지(1)

번호	답안란	채점	번호	답안란	채점	번호	답안란	채점	번호	답안란	채점
1			12			23			34		
2			13			24			35		
3			14			25			36		
4			15			26			37		
5			16			27			38		
6			17			28			39		
7			18			29			40		
8			19			30			41		
9			20			31			42		
10			21			32			43		
11			22			33			44		

※뒷면으로 이어짐

············· 절 취 선 ·············

성명 [   ]

8급 ①

▽

	아홉 구 ( )	남녘 남 ( )	동녘 동 ( )
	나라 국 ( )	계집 녀 ( )	여섯 륙 ( )
가르칠교 ( )	군사 군 ( )	해 년 ( )	일만 만 ( )
학교 교 ( )	쇠 금 ( )	큰 대 ( )	

성명 [   ]

8급 ②	문　문 (　　)	북녘 북 (　　)	날　생 (　　)
▽	백성 민 (　　)	넉　사 (　　)	서녘 서 (　　)
어미 모 (　　)	흰　백 (　　)	메　산 (　　)	먼저 선 (　　)
나무 목 (　　)	아비 부 (　　)	석　삼 (　　)	

·························· 절 취 선 ··························

전국한자능력검정시험　5급Ⅱ　답안지(2)

번호	답안란	채점	번호	답안란	채점	번호	답안란	채점	번호	답안란	채점
45			59			73			87		
46			60			74			88		
47			61			75			89		
48			62			76			90		
49			63			77			91		
50			64			78			92		
51			65			79			93		
52			66			80			94		
53			67			81			95		
54			68			82			96		
55			69			83			97		
56			70			84			98		
57			71			85			99		
58			72			86			100		

第14回 한자능력검정시험 5급 II

(시험시간 : 50분)

시험시작시간　時　分
시험종료시간　時　分

※다음 밑줄 친 漢字語의 讀音을 쓰시오.

1. 便紙(　　)　2. 筆順(　　)
3. 家具(　　)　4. 能力(　　)
5. 通過(　　)　6. 必讀(　　)
7. 根本(　　)　8. 當番(　　)
9. 宅地(　　)　10. 感知(　　)
11. 急變(　　)　12. 愛重(　　)
13. 充電(　　)　14. 客店(　　)
15. 氣色(　　)　16. 産苦(　　)
17. 體格(　　)　18. 結局(　　)
19. 來週(　　)　20. 仙藥(　　)

21. 마을에서 敬老잔치를 열었다. (　　)
22. 목욕탕은 性別 분리가 되어있다. (　　)
23. 방학만을 苦待하고 있다. (　　)
24. 천주교는 洗禮를 받는다. (　　)
25. 요즘은 高卒 출신이 없다. (　　)
26. 회사는 廣告를 많이 한다. (　　)
27. 제철 果實이 맛있다. (　　)
28. 건물에 消火기 비치는 필수다. (　　)
29. 성적부진으로 課外 수업을 받는다. (　　)
30. 惡法도 법이다. (　　)
31. 어려운 關門을 통과하다. (　　)
32. 할아버지께서는 德望이 높다. (　　)
33. 은행대출은 約定기간이 있다. (　　)
34. 아버지 말씀을 念頭에 둔다. (　　)
35. 어머니께서는 溫和한 성품이다. (　　)

※다음 漢字의 訓과 音을 쓰시오.

36. 着(　　)　37. 效(　　)
38. 參(　　)　39. 調(　　)
40. 偉(　　)　41. 種(　　)
42. 以(　　)　43. 要(　　)
44. 兒(　　)　45. 州(　　)
46. 決(　　)　47. 友(　　)
48. 良(　　)　49. 質(　　)
50. 任(　　)　51. 由(　　)
52. 歲(　　)　53. 合(　　)
54. 己(　　)　55. 庭(　　)
56. 傳(　　)　57. 窓(　　)
58. 化(　　)

자꾸 공부 하고픈 책 모의고사문제집　　　　　　　　제14회

※다음 밑줄 친 漢字語를 漢字로 쓰시오.

59. 제조과정이 <u>분업</u>화 되어 있다.
……………………… (　　　　　)

60. 우리가락 <u>장단</u>에 맞춰 춤추자.
……………………… (　　　　　)

61. 총선거 출마 의사를 <u>표명</u>하다.
……………………… (　　　　　)

62. 상대를 나와서 <u>회계</u>를 담당한다.
……………………… (　　　　　)

63. 일을 하다가 말면 <u>작심삼일</u>이라 한다.
……………………… (　　　　　)

64. 경제발전을 위해 <u>신명</u>을 바쳐 일하다.
……………………… (　　　　　)

65. 일에 임해서는 <u>소신</u>이 있어야 한다.
……………………… (　　　　　)

66. 범죄의 구성 요건이 <u>성립</u> 되다.
……………………… (　　　　　)

67. 눈썰매장에서 <u>설전</u>이 펼쳐졌다.
……………………… (　　　　　)

68. 남쪽에서 북쪽으로 부는 <u>남풍</u>.
……………………… (　　　　　)

69. 봄이 되면 <u>농사</u>는 바빠진다.
……………………… (　　　　　)

70. <u>각자</u>의 일을 맡아서 하자.
……………………… (　　　　　)

71. 업무 처리는 <u>공정</u>하게 하자.
……………………… (　　　　　)

72. 모두 합심한다면 <u>유리</u> 할 것이다.
……………………… (　　　　　)

73. 남녀는 <u>대등</u>한 위치에 있다.
……………………… (　　　　　)

※다음 訓과 音에 맞는 漢字를 쓰시오.

74. 그림 도(　　　) 　75. 뿔 각(　　　)

76. 맑을 청(　　　) 　77. 풀 초(　　　)

78. 나눌 반(　　　)

※다음 漢字의 반대자를 漢字로 쓰시오.

79. (　　　) - 答　80. (　　　) - 學

81. (　　　) - 母

※다음 漢字의 비슷한자를 골라 번호를 쓰시오.

①練　②仕　③典　④福　⑤遠　⑥史

82. 法(　　) 　83. 歷(　　) 　84. 幸(　　)

※다음 뜻에 맞는 사자성어의 (　)안에 제시된 글자를 漢字로 쓰시오.

85. (연중) 行事 ……… (　　　　　)
: 해마다 열리는 행사.

86. (백면) 書生 ……… (　　　　　)
: 글만 읽고 세상일에 경험이 없는 사람.

87. 類萬 (부동) ……… (　　　　　)
: 많은 것이 서로 같지 않고 다름.

88. 花朝 (월석) ……… (　　　　　)
: 꽃이 핀 아침과 달 뜨는 저녁.

※다음 뜻풀이에 해당하는 단어를 동음이의어 중에서 찾아 번호를 쓰시오.

89. 마음의 작용이나 상태 ………… (　　　)
① 衣食　　　② 意識

90. 맨 윗자리 …………………… (　　　)
① 水石　　　② 首席

91. 제일 좋은 물건 ……………… (　　　)
① 上品　　　② 商品

※다음 뜻에 맞는 단어를 한글과 한자로 쓰시오.

<예> 책을 읽음 : (독서)-(讀書)

92. 재주와 지혜가 뛰어난 아이.
……………… (　　　　)-(　　　　)

93. 새로운 소식의 간행물.
……………… (　　　　)-(　　　　)

94. 사물이 현재 있는 곳.
……………… (　　　　)-(　　　　)

※다음 漢字의 略字(약자 : 획수를 줄인 漢字)를 쓰시오.

95. 世(　　) 　96. 樂(　　) 　97. 發(　　)

※다음 漢字에서 진하게 표시한 획은 몇 번째 쓰는지 <例>에서 찾아 그 번호를 쓰시오.

①1번째　②2번째　③3번째　④4번째
⑤5번째　⑥6번째　⑦7번째　⑧8번째
⑨9번째　⑩10번째　⑪11번째　⑫12번째

98. (　　) 　99. (　　) 　100. (　　)

方　漢　歌

- 62 -

전국한자능력검정시험 5급 Ⅱ 답안지(1)

번호	답안란	채점	번호	답안란	채점	번호	답안란	채점	번호	답안란	채점
1			12			23			34		
2			13			24			35		
3			14			25			36		
4			15			26			37		
5			16			27			38		
6			17			28			39		
7			18			29			40		
8			19			30			41		
9			20			31			42		
10			21			32			43		
11			22			33			44		

※뒷면으로 이어짐

··· 절 취 선 ···

성명 [   ]

8급 ③

▽

- 집   실 (   )
- 열   십 (   )
- 작을 소 (   )
- 물   수 (   )
- 바깥 외 (   )
- 달   월 (   )
- 다섯 오 (   )
- 임금 왕 (   )
- 날   일 (   )
- 한   일 (   )
- 두   이 (   )
- 긴   장 (   )
- 사람 인 (   )

성명 [   ]

8급 ④	마디 촌 ( )	배울 학 ( )
아우 제 ( )	일곱 칠 ( )	나라 한 ( )
가운데중 ( )	흙 토 ( )	형 형 ( )
푸를 청 ( )	여덟 팔 ( )	불 화 ( )

·· 절 취 선 ··

전국한자능력검정시험 5급Ⅱ 답안지(2)

번호	답안란	채점	번호	답안란	채점	번호	답안란	채점	번호	답안란	채점
45			59			73			87		
46			60			74			88		
47			61			75			89		
48			62			76			90		
49			63			77			91		
50			64			78			92		
51			65			79			93		
52			66			80			94		
53			67			81			95		
54			68			82			96		
55			69			83			97		
56			70			84			98		
57			71			85			99		
58			72			86			100		

第15回 한자능력검정시험 5급Ⅱ

(시험시간 : 50분) 시험시작시간　時　分
　　　　　　　　　 시험종료시간　時　分

※다음 밑줄 친 漢字語의 讀音을 쓰시오.

1. 外科（　　）　2. 直球（　　）
3. 卒業（　　）　4. 有能（　　）
5. 黃金（　　）　6. 育兒（　　）
7. 社旗（　　）　8. 着陸（　　）
9. 要望（　　）　10. 飮福（　　）
11. 住宅（　　）　12. 天然（　　）
13. 勇氣（　　）　14. 意見（　　）
15. 重責（　　）　16. 對質（　　）
17. 雨雪（　　）　18. 以南（　　）
19. 知識（　　）　20. 到來（　　）

21. 반장으로 任命 되었다.
　　………………………（　　）
22. 무고한 良民을 학살하다.
　　………………………（　　）
23. 財物이 많다고 행복한 것은 아니다.
　　………………………（　　）
24. 선거전이 본격적으로 展開되다.
　　………………………（　　）
25. 건강의 중요성을 切感하다.
　　………………………（　　）
26. 이성계가 세우고 지은 이름은 朝鮮.
　　………………………（　　）
27. 권장도서의 題目을 알고 싶다.
　　………………………（　　）
28. 전장에서는 兵法이 많이 이용된다.
　　………………………（　　）
29. 불우한 사람을 위하여 奉仕를 하자.
　　………………………（　　）

30. 使臣을 극진히 대접한다.
　　………………………（　　）
31. 歷史의 심판에 맡기다.
　　………………………（　　）
32. 모두의 關心은 부담스럽다.
　　………………………（　　）
33. 남극에도 대한민국의 基地가 있다.
　　………………………（　　）
34. 연극에서는 獨白이 많다.
　　………………………（　　）
35. 문예작품 같은 古典을 많이 보고 성장하자.
　　………………………（　　）

※다음 漢字의 訓과 音을 쓰시오.

36. 充（　　）　37. 宿（　　）
38. 價（　　）　39. 觀（　　）
40. 相（　　）　41. 凶（　　）
42. 說（　　）　43. 廣（　　）
44. 旅（　　）　45. 惡（　　）
46. 性（　　）　47. 奉（　　）
48. 材（　　）　49. 約（　　）
50. 的（　　）　51. 養（　　）
52. 筆（　　）　53. 調（　　）
54. 勞（　　）　55. 形（　　）
56. 害（　　）　57. 表（　　）
58. 首（　　）

자꾸 공부 하고픈 책 모의고사문제집   제15회

※다음 밑줄 친 漢字語를 漢字로 쓰시오.

59. 영업직 사원은 화술이 뛰어나다.
‥‥‥‥‥‥‥‥‥ (   )

60. 조석으로 청풍이 불어오다.
‥‥‥‥‥‥‥‥‥ (   )

61. 나라간 치열한 무역 전선.
‥‥‥‥‥‥‥‥‥ (   )

62. 현세에 존경받을 수 있는 인물이 되자.
‥‥‥‥‥‥‥‥‥ (   )

63. 문서를 작성하여 제출한다.
‥‥‥‥‥‥‥‥‥ (   )

64. 지난 날 자신을 돌이켜 보다.
‥‥‥‥‥‥‥‥‥ (   )

65. 지금은 안락한 생활을 하고 있다.
‥‥‥‥‥‥‥‥‥ (   )

66. 신명님께 빌고 비나이다.
‥‥‥‥‥‥‥‥‥ (   )

67. 이번 작품의 서체를 해서체로 하다.
‥‥‥‥‥‥‥‥‥ (   )

68. 삼촌은 불행히도 교통사고를 당했다.
‥‥‥‥‥‥‥‥‥ (   )

69. 북부지방에 비가 오다.
‥‥‥‥‥‥‥‥‥ (   )

70. 학생들이 교실에서 너무 떠든다.
‥‥‥‥‥‥‥‥‥ (   )

71. 산에 방화를 하면 나쁜 짓이다.
‥‥‥‥‥‥‥‥‥ (   )

72. 투표에 참석자 반수 이상 찬성하였다.
‥‥‥‥‥‥‥‥‥ (   )

73. 매주 월요일마다 화초에 물을 주다.
‥‥‥‥‥‥‥‥‥ (   )

※다음 訓과 音에 맞는 漢字를 쓰시오.

74. 들을 문(   ) 75. 옮길 운(   )

76. 이할 리(   ) 77. 골 동(   )

78. 실과 과(   )

※다음 漢字의 반대자를 골라 번호를 쓰시오.

①口 ②過 ③科 ④客 ⑤共 ⑥舊

79. 新(   ) 80. 功(   ) 81. 主(   )

※다음 漢字의 비슷한자를 漢字로 쓰시오.

82. (   ) - 合 83. (   ) - 綠

84. (   ) - 洋

※다음 (   )안에 들어갈 漢字를 「예」에서 고르시오.

①萬代 ②公園 ③當代 ④工場
⑤四方 ⑥信用 ⑦高速 ⑧四通

85. (   )八方 86. 市民(   )

87. (   )道路 88. 子孫(   )

※다음 소리는 같으나 뜻이 다른 漢字를 찾으시오.

①景 ②決 ③病 ④班 ⑤服 ⑥類

89. 結(   ) 90. 敬(   ) 91. 流(   )

※다음 뜻풀이에 맞는 漢字語를 「예」에서 찾아
 그 번호를 쓰시오.

① 洗面   ② 順理   ③ 時調
④ 洗手   ⑤ 順番   ⑥ 時節

92. 도리에 순종함 ‥‥‥‥‥ (   )

93. 일을 하는 데에 좋은 시기 ‥ (   )

94. 낯을 씻음 ‥‥‥‥‥‥‥ (   )

※다음 漢字의 略字(약자 : 획수를 줄인 漢字)를 쓰시오.

95. 團(   ) 96. 變(   ) 97. 實(   )

※다음 漢字에서 진하게 표시한 획은 몇 번째 쓰는지
 <例>에서 찾아 그 번호를 쓰시오.

①1번째   ②2번째   ③3번째   ④4번째
⑤5번째   ⑥6번째   ⑦7번째   ⑧8번째
⑨9번째   ⑩10번째 ⑪11번째 ⑫12번째

98. (   ) 99. (   ) 100. (   )

父 圖 發

- 66 -

기출예상문제[가] 漢字能力檢定試驗 5級 II 問題紙

(社)韓國語文會·韓國漢字能力檢定會   (시험시간: 50분)

※다음 밑줄 친 漢字語의 讀音을 쓰시오.

1. 학교 때 친구간의 友情은 평생 중요한 재산입니다. ( )
2. 다른 반 학생과도 눈이 마주치면 目禮를 나눕니다. ( )
3. 무용은 동작과 음악의 調和가 중요합니다. ( )
4. 꽃들은 모두 獨特한 향기를 지녔습니다. ( )
5. 생산이 늘면 價格은 떨어집니다. ( )
6. 일반인에게 무기나 화약 등은 通關이 안됩니다. ( )
7. 예전에 상인들이 묵으며 거래하던 집을 客主라고 했습니다. ( )
8. 變質된 우유는 먹으면 안 됩니다. ( )
9. 도시의 길가에는 商店이 많이 있습니다. ( )
10. 財産보다 건강이 더 중요합니다. ( )
11. '삼국유사'에는 傳說이 많이 실려 있습니다. ( )
12. 식당에서 일하는 사람들은 위생 觀念이 철저해야 합니다. ( )
13. 운동이든 예술이든 이론보다도 練習이 중요합니다. ( )
14. 여름철에는 특히 過勞하지 않도록 주의해야 합니다. ( )
15. 선거 때면 후보들은 그럴듯한 公約을 내겁니다. ( )
16. 우리네 어른들은 옷차림에도 其色을 갖추었습니다. ( )
17. 공직자란 국민을 위해 奉仕하는 사람들입니다. ( )
18. 권한이 클수록 責任도 무겁습니다. ( )
19. 요즘은 캄캄한 밤에도 대상을 識別하는 망원경이 있습니다. ( )
20. 평시에도 兵士들은 훈련을 게을리 하지 않습니다. ( )
21. 추석 때는 기차에 좌석이 없어 立席표로 고향에 갔습니다. ( )
22. 중국에는 神仙을 소재로 한 문학작품이 많습니다. ( )
23. 廣州에는 유적들이 많습니다. ( )
24. 山에 올라 아래를 내려다보니 雲海가 펼쳐져 있었습니다. ( )
25. 교장선생님에게 학교 시설에 대한 要望사항을 적어 내었습니다. ( )
26. 사회에는 모두가 지켜야 할 法度가 있습니다. ( )
27. 어린시절에는 다들 偉人전기를 즐겨읽습니다. ( )
28. 우리 큰아버님이 마을의 邑長 일을 하십니다. ( )
29. 영국이나 일본에는 首相이 있습니다. ( )
30. 그 소설은 이야기의 展開가 무척 재미있습니다. ( )
31. 예전에는 방학 宿題가 너무 많아 힘들었습니다. ( )
32. 인터넷은 우리 생활에 유익을 주지만 害惡도 있습니다. ( )
33. 過番은 남보다 일찍 등교해서 늦게 하교합니다. ( )
34. 나라가 어려울 때는 모두가 團合하는 것이 중요합니다. ( )
35. 親切은 말보다 실천이 중요합니다. ( )

※다음 漢字의 訓과 音을 쓰시오.

36. 兒 ( )   37. 以 ( )
38. 宅 ( )   39. 臣 ( )
40. 的 ( )   41. 歲 ( )
42. 基 ( )   43. 着 ( )
44. 告 ( )   45. 典 ( )
46. 德 ( )   47. 卒 ( )
48. 筆 ( )   49. 陸 ( )

50. 鮮(   ) 51. 朗(   )

52. 綠(   ) 53. 流(   )

54. 局(   ) 55. 充(   )

56. 福(   ) 57. 必(   )

58. 己(   )

※다음 (   )안에 각각 뜻이 반대 또는 상대되는 漢字를 써 넣어 단어가 되게 하시오.

59. (   ) - 舊   60. 昨 - (   )

61. 強 - (   )

※다음 (   )안에 각각 알맞은 글자를 <例>에서 찾아 넣어 四字成語를 완성하시오.

①天 ②事 ③由 ④作
⑤使 ⑥才 ⑦藥 ⑧病

62. 多(   )多能 63. 良(   )苦口

64. 敬(   )愛人 65. 同化(   )用

※다음 (   )안에 각각 訓이 같은 글자를 <例>에서 찾아 넣어 단어가 되게 하시오.

①植 ②育 ③子 ④物 ⑤圖 ⑥性

66. 養(   ) 67. (   )畫 68. (   )品

※다음 각 단어와 음은 같으나 뜻이 다른 단어를 쓰되 주어진 뜻풀이에 맞는 말을 漢字로 쓰시오.

69. 地面 - (   )(   ) : 종이의 겉면

70. 電線 - (   )(   ) : 싸움을 벌이는 지역을 가상으로 연결한 선

71. 短信 - (   )(   ) : 작은 키

※다음 漢字語의 뜻을 간단히 쓰시오.

72. 遠近 : (   )

73. 洗車 : (   )

74. 雨衣 : (   )

※다음 漢字의 略字를 쓰시오.

75. 讀(   ) 76. 體(   ) 77. 對(   )

※다음 밑줄 친 漢字語를 漢字로 쓰시오.

78. 성공하는 사람은 노력하는 사람입니다.
(   )

79. 가정이 화목해야 사회도 편안합니다.
(   )

80. 60년전 까지만 해도 우리나라는 농업 국가였습니다.
(   )

81. 교과서에 실린 문학작품은 모두 외워두는 것이 좋습니다.
(   )

82. 요즘은 비가 어느 특정 지역에만 집중적으로 내리는 경우가 많습니다. …… (   )

83. 우리나라 전자제품은 세계가 인정하고 있습니다.
(   )

84. 음악은 우리의 삶을 기름지게 합니다.
(   )

85. 일기를 쓰면 하루 생활을 반성하게 됩니다.
(   )

86. 백설로 뒤덮인 겨울산도 그윽한 멋이 있어 좋습니다.
(   )

87. 마음껏 뛰놀 수 있는 운동장이 있어서 좋습니다.
(   )

88. 토마스 에디슨은 발명왕입니다.
(   )

89. 세 변의 길이가 같은 삼각형을 정삼각형이라고 합니다.
(   )

90. 여름철에는 음식이 상하기 쉽습니다.
(   )

91. 요즘 우리가 쓰는 컴퓨터도 원래는 단순히 계산만 하는 기계였습니다.…… (   )

92. 자기 잘못을 인정하려면 용기가 필요합니다.
(   )

93. 지나친 욕심 때문에 전부를 잃기도 합니다.
(   )

94. 육지에 본교가 있고, 작은 섬에는 대개 분교가 있습니다.
(   )

95. 요즘은 현금보다 수표나 카드를 더 많이 씁니다.
(   )

96. 漢字를 많이 알고 있으면 모든 과목 공부에 유리합니다.
(   )

97. 요즘은 인터넷 때문에 소문도 빨리 퍼집니다.
(   )

※다음 漢字에서 진하게 표시한 획은 몇 번째 쓰는지 <例>에서 찾아 그 번호를 쓰시오.

①1번째 ②2번째 ③3번째 ④4번째
⑤5번째 ⑥6번째 ⑦7번째 ⑧8번째 ⑨9번째

98. (   ) 99. (   ) 100. (   )

男 登 來

기출예상문제[나] 漢字能力檢定試驗 5級Ⅱ 問題紙

(社)韓國語文會·韓國漢字能力檢定會　　(시험시간 : 50분)

※다음 밑줄 친 漢字語의 讀音을 쓰시오.

1. <u>旅行</u>을 마치고 집으로 돌아왔습니다. ( )
2. 학교에 대한 <u>愛着</u>이 강합니다. ( )
3. <u>溫情</u>의 손길이 이어지고 있습니다. ( )
4. 다양한 <u>品目</u>이 진열되어 있습니다. ( )
5. 산속의 <u>雪夜</u>를 촬영한 사진입니다. ( )
6. <u>卒業</u>한 지 오랜 만에 학교에 갔습니다. ( )
7. 요즘 <u>廣告</u>에 외국어가 너무 많습니다. ( )
8. 연이은 실패 후에 드디어 <u>合格</u>하였습니다. ( )
9. 진심으로 <u>幸福</u>하기를 기원했습니다. ( )
10. 좋은 <u>意見</u>을 내 주셔서 감사합니다. ( )
11. 출산율이 낮아 <u>多産</u>정책이 필요합니다. ( )
12. 요즘 우리 사회에 <u>奉仕</u>하는 사람이 점점 늘어납니다. ( )
13. 열차가 다니는 <u>線路</u>로 다니면 위험합니다. ( )
14. 우리 반에 재미있는 <u>親舊</u>가 있습니다. ( )
15. 계곡에 비가 많이 오면 <u>急流</u>를 조심해야 합니다. ( )
16. 시대적 <u>變化</u>에 대응해야 합니다. ( )
17. 적극적인 노력이 <u>必要</u>합니다. ( )
18. 한국어를 <u>世界</u>에 보급시켜야 합니다. ( )
19. 이 분야는 <u>展望</u>이 밝습니다. ( )
20. 자기의 <u>過失</u>을 솔직히 인정하였습니다. ( )
21. 한자 경시대회를 <u>參觀</u>하였습니다. ( )
22. 우리사회에 양심과 <u>知性</u>을 갖춘 사람이 필요합니다. ( )
23. 우리나라의 <u>歷史</u>를 아는 것은 매우 중요합니다. ( )
24. 신문 <u>社說</u>을 통해 한자를 배웠습니다. ( )
25. 어릴 때부터 <u>節約</u>정신이 투철합니다. ( )
26. 명분보다 <u>實利</u>를 추구할 때가 있습니다. ( )
27. 예전에 살던 집을 <u>古宅</u>이라 합니다. ( )
28. 그는 굳은 <u>信念</u>을 지닌 사람입니다. ( )
29. 이번 주 청소 <u>當番</u>입니다. ( )
30. 학교에서 <u>放課</u>후에 특별활동을 합니다. ( )
31. 아무리 <u>強調</u>해도 지나치지 않습니다. ( )
32. 다 쓴 건전지를 <u>充電</u>하였습니다. ( )
33. 처음 맡아 보는 <u>獨特</u>한 냄새였습니다. ( )
34. 일정한 <u>速度</u>로 보조를 맞춰 걸었습니다. ( )
35. <u>法的</u>으로 아무 문제가 없습니다. ( )

※다음 漢字의 訓과 音을 쓰시오.

36. 決( )　37. 陸( )
38. 效( )　39. 元( )
40. 敬( )　41. 消( )
42. 價( )　43. 良( )
44. 到( )　45. 德( )
46. 朗( )　47. 筆( )

- 69 -

기출예상문제 [나]

기출예상문제 [나]

48. 種 (　　　　) 　　49. 偉 (　　　　)

50. 束 (　　　　) 　　51. 歲 (　　　　)

52. 關 (　　　　) 　　53. 雲 (　　　　)

54. 害 (　　　　) 　　55. 切 (　　　　)

56. 局 (　　　　) 　　57. 宿 (　　　　)

58. 己 (　　　　)

※다음 밑줄 친 漢字語를 漢字로 쓰시오.

59. 양질의 도서를 선택하는 것이 좋습니다.
··· (　　　　)

60. 휴일이라 도서관이 문을 닫았습니다.
··· (　　　　)

61. 노벨 평화상 후보로 올랐습니다.
··· (　　　　)

62. 사람은 인도로 다녀야 합니다.
··· (　　　　)

63. 정직한 사람이 되어야 합니다.
··· (　　　　)

64. 방금 강연이 시작되었습니다.
··· (　　　　)

65. 입구와 출구가 다릅니다.
··· (　　　　)

66. 시간이 날 때마다 화초를 가꿉니다.
··· (　　　　)

67. 주말마다 등산을 합니다.
··· (　　　　)

68. 요즘 일이 겹쳐서 심신이 피곤합니다.
··· (　　　　)

69. 계산을 치르고 나니 약간의 돈이 남았습니다.
······································· (　　　　)

70. 이번 시험에 등수가 올랐습니다.
··· (　　　　)

71. 용기를 내어 금년에 새로 시작하였습니다.
·· (　　　　)

72. 이 책은 민요를 집성한 책입니다.
··· (　　　　)

73. 음식을 골고루 먹어야 건강합니다.
··· (　　　　)

※다음 訓과 音에 맞는 漢字를 쓰시오.

<例> : 나라 국 → 國

74. 실과 과 (　　　　) 　　75. 재주 재 (　　　　)

76. 반　　 반 (　　　　) 　　77. 모양 형 (　　　　)

78. 뿔　　 각 (　　　　)

※다음 제시된 漢字와 뜻이 상대 또는 반대되는 漢字를 (　)안에 써 넣어 글을 완성하시오.

79. (　　　　)과 死의 갈림길. 　80. 朝(　　　　)으로

81. 질(　　　　)에 대答하다. 　　두 끼만 먹다.

※다음 (　)에 들어갈 漢字를 <보기>에서 찾아 그 번호를 써서 漢字語를 만드시오.

①名	②淸	③美	④千
⑤別	⑥苦	⑦公	⑧川

82. 男女有(　　　) 　　83. 同(　　　)同樂

84. 八方(　　　)人 　　85. (　　　)風明月

※뜻이 같거나 비슷한 한자를 골라 번호로 쓰시오.

①式	②靑	③鮮	④禮	⑤習	⑥園

86. 綠 (　　　) 　87. 典 (　　　) 　88. 練 (　　　)

※音은 같은데 뜻이 다른 漢字를 골라 번호로 쓰시오.

①具	②畫	③陽	④近	⑤晝	⑥藥

89. 根 (　　　) 　90. 養 (　　　) 　91. 週 (　　　)

※다음 漢字語의 뜻을 쓰시오.

92. 客席 : (　　　　　　　　　　　　)

93. 重責 : (　　　　　　　　　　　　)

94. 交友 : (　　　　　　　　　　　　)

※다음 漢字의 略字를 쓰시오.

<例> 體 → 体

95. 發 (　　　) 　96. 戰 (　　　) 　97. 會 (　　　)

※다음 漢字에서 진하게 표시한 획은 몇 번째 쓰는지 <보기>에서 찾아 그 번호를 쓰시오.

①1번째	②2번째	③3번째	④4번째
⑤5번째	⑥6번째	⑦7번째	⑧8번째	⑨9번째

98. (　　　) 　　99. (　　　) 　　100. (　　　)

少　　里　　然

- 70 -

기출예상문제[다] 漢字能力檢定試驗 5級 II 問題紙

(社)韓國語文會・韓國漢字能力檢定會　　(시험시간 : 50분)

※다음 밑줄 친 漢字語를 漢字로 쓰시오.

1. 물건은 價格이 싸다고 다 좋은 것은 아니다. ( )
2. 청년의 野望은 선의와 열정으로 이루어진다. ( )
3. '삼국유사'는 신화, 傳說, 민담의 창고이다. ( )
4. 진실한 우정은 兄弟의 사랑을 능가한다. ( )
5. 눈짓으로 하는 約束을 '눈約束'이라 한다. ( )
6. 경찰은 公共의 질서를 지키는 파수꾼이다. ( )
7. 西海 5도를 잃으면 수도 방위가 불가능하다. ( )
8. 우수한 新藥 개발로 100세 시대가 열렸다. ( )
9. 우리의 금수강산은 天下 제일강산이다. ( )
10. 綠色 성장은 미래 한국 발전의 열쇠이다. ( )
11. 국군은 조국을 지키는 배달의 旗手이다. ( )
12. 이웃의 축복 속에 多福한 가정을 꾸렸다. ( )
13. 선인들의 가르침을 歷史의 거울로 삼자. ( )
14. 사람들을 和合케 하는 자가 복이 있다. ( )
15. 體質에 따라 건강을 관리하는 것이 좋다. ( )
16. 靑春의 꿈은 꿈꾸고 실천하는 자의 것이다. ( )
17. 주관적 觀念만으로 사물을 보면 안 된다. ( )
18. 自責만 하지 말고 자신감을 회복 해야 한다. ( )
19. 所有는 집착을 낳지만 영원할 수 없다. ( )
20. 삶의 질은 얼마나 奉仕하느냐에 달렸다. ( )
21. 關心속에 남을 배려함이 교양의 근본이다. ( )
22. 일시적 感情은 이성으로 다스려야 한다. ( )
23. 孝道는 모든 인간 행실의 기본이다. ( )
24. 記者 정신은 진실과 사실의 규명이다. ( )
25. 국력은 경제력보다 국민 敎養에서 나온다. ( )
26. 歲月은 사람을 기다리지 않고 흘러간다. ( )
27. 知識을 올바르게 쓰는 지혜가 더 중요하다. ( )
28. 국민은 북한의 急變 사태를 대비해야 한다. ( )
29. 전쟁의 승패는 정신 戰力에서 결정된다. ( )
30. 角度가 조금만 틀려도 과녁에서 벗어난다. ( )
31. 財物을 우상으로 섬김이 불행의 근원이다. ( )
32. 窓門밖에는 생명의 봄 향기가 가득하다. ( )
33. 수십만의 군중이 시청 앞에 雲集 해 있었다. ( )
34. 고구려는 活動 무대를 중원까지 넓혔다. ( )
35. 만물도 부지런히 運行하고 쉬지 않도다. ( )

※다음 漢字의 訓과 音을 쓰시오.

36. 見 ( )　37. 士 ( )
38. 臣 ( )　39. 川 ( )
40. 主 ( )　41. 村 ( )
42. 寸 ( )　43. 黃 ( )
44. 晝 ( )　45. 宅 ( )
46. 愛 ( )　47. 秋 ( )
48. 美 ( )　49. 永 ( )
50. 展 ( )　51. 勞 ( )
52. 園 ( )　53. 洗 ( )
54. 實 ( )　55. 重 ( )
56. 紙 ( )　57. 頭 ( )
58. 堂 ( )

기출예상문제 [다]

※다음 밑줄 친 漢字語를 漢字로 쓰시오.

59. 삶은 편안함보다 평안함이 더 중요하다.
‥‥‥‥‥‥‥‥‥‥‥‥‥‥‥ (　　　　)

60. 과거로 갈수록 농사가 천하의 근본이었다.
‥‥‥‥‥‥‥‥‥‥‥‥‥‥‥ (　　　　)

61. 공중 정원은 세계적 불가사의 중 하나이다.
‥‥‥‥‥‥‥‥‥‥‥‥‥‥‥ (　　　　)

62. 학문의 비결은 성실히 준비된 질문이다.
‥‥‥‥‥‥‥‥‥‥‥‥‥‥‥ (　　　　)

63. 도덕의식을 높여 인명 경시 풍조를 막자.
‥‥‥‥‥‥‥‥‥‥‥‥‥‥‥ (　　　　)

64. 부모의 자식 사랑을 내리사랑이라고 한다.
‥‥‥‥‥‥‥‥‥‥‥‥‥‥‥ (　　　　)

65. 말은 달라도 사랑의 표현은 통한다.
‥‥‥‥‥‥‥‥‥‥‥‥‥‥‥ (　　　　)

66. 등산과 걷기가 건강의 최고 비결이다.
‥‥‥‥‥‥‥‥‥‥‥‥‥‥‥ (　　　　)

67. 장부의 한 말이 천금보다 무겁다.
‥‥‥‥‥‥‥‥‥‥‥‥‥‥‥ (　　　　)

68. 한국 청소년의 신장은 아시아 최고이다.
‥‥‥‥‥‥‥‥‥‥‥‥‥‥‥ (　　　　)

69. 한국의 가전제품이 세계를 석권하고 있다.
‥‥‥‥‥‥‥‥‥‥‥‥‥‥‥ (　　　　)

70. 반성 행위는 인간에게만 주어진 선물이다.
‥‥‥‥‥‥‥‥‥‥‥‥‥‥‥ (　　　　)

71. 해와 달을 하늘의 두 광명이라고도 한다.
‥‥‥‥‥‥‥‥‥‥‥‥‥‥‥ (　　　　)

72. 동화를 많이 읽으면 지능도 좋아진다.
‥‥‥‥‥‥‥‥‥‥‥‥‥‥‥ (　　　　)

73. 선생은 제자에게 삶의 본이 되어야 한다.
‥‥‥‥‥‥‥‥‥‥‥‥‥‥‥ (　　　　)

※다음 訓과 音에 맞는 漢字를 쓰시오.

74. 들을 문 (　　　　)　75. 실과 과 (　　　　)

76. 마당 장 (　　　　)　77. 편할 편 (　　　　)

78. 다행 행 (　　　　)

※다음은 뜻이 相對또는 反對되는 漢字語를 짝지은 것이다.
（　）에 공통으로 들어갈 단어를 <보기>에서 찾으시오.

① 化	② 語	③ 牛
④ 足	⑤ 右	⑥ 意

79. 充(　　)↔不(　　)　80. 文(　　)↔口(　　)

81. 前(　　)↔後(　　)

※다음 （　）에 들어 갈 가장 적절한 漢字語를 <보기>에서 찾아 그 번호를 써서 漢字語를 만드시오.

① 成市	② 同苦	③ 苦口	④ 雨順
⑤ 決定	⑥ 團結	⑦ 雨水	⑧ 各色

82. 大同(　　　　) : 어떤 목적으로 한데 뭉침.

83. (　　　　)同樂 : 같이 고생하고 같이 즐김.

84. (　　　　)風調 : 비오고 바람 붊이 순조로움.

85. 門前(　　　　) : 찾아오는 사람이 많음.

※다음 漢字와 뜻이 같거나 비슷한 漢字를 <보기>에서 찾아 그 번호를 쓰시오.

① 着	② 習	③ 訓	④ 通	⑤ 類	⑥ 白

86. 等(　　　　)　87. 到(　　　　)　88. 練(　　　　)

※다음 뜻풀이에 해당하는 단어를 동음이의어 중에서 찾아 번호를 쓰시오.

89. 공동 목적으로 만든 단체. ‥‥‥ (　　　　)
　: ① 決死　　② 結社

90. 새롭고 산뜻하거나 싱싱함. ‥‥‥ (　　　　)
　: ① 神仙　　② 新鮮

91. 공로와 허물. ‥‥‥‥‥‥‥‥‥‥ (　　　　)
　: ① 功過　　② 工科

※다음 뜻풀이에 맞는 漢字語를 <보기>에서 찾아 그 번호를 쓰시오.

① 發效	② 效力	③ 宿食
④ 宿所	⑤ 植樹	⑥ 樹木

92. 효과가 발생함. ‥‥‥‥‥‥‥ (　　　　)

93. 나무를 심음. ‥‥‥‥‥‥‥‥ (　　　　)

94. 자고 먹음. ‥‥‥‥‥‥‥‥‥ (　　　　)

※다음 漢字의 略字를 쓰시오.

95. 氣(　　　) 96. 體(　　　) 97. 會(　　　)

※다음 漢字에서 진하게 표시한 획은 몇 번째 쓰는지 <例>에서 찾아 그 번호를 쓰시오.

①1번째	②2번째	③3번째	④4번째	
⑤5번째	⑥6번째	⑦7번째	⑧8번째	⑨9번째

98. (　　　　)　99. (　　　　)　100. (　　　　)

實　死　旅

- 72 -

기출예상문제[라] 漢字能力檢定試驗 5級 Ⅱ 問題紙

(社)韓國語文會・韓國漢字能力檢定會　　(시험시간 : 50분)

※ 다음 밑줄 친 漢字語의 讀音을 쓰시오.

1. 이번 모임에는 회원이 전원 參席하였다. (　　)
2. 회장 선거의 結果가 궁금하다. (　　)
3. 운동장의 고목나무는 학교의 歷史를 보여 주는 듯하다. (　　)
4. 잘못했으면 벌을 받는 게 當然하다. (　　)
5. 감기에는 特效약이 없다. (　　)
6. 제주도는 세계적인 觀光명소다. (　　)
7. 이순신 장군은 무예와 知性을 두루 갖춘 분이었다. (　　)
8. 옛 선비들은 順風에 돛단배를 띄워 놓고 풍류를 즐겼다. (　　)
9. 컴퓨터 관련 소프트웨어는 正品을 사서 쓰는 것이 원칙이다. (　　)
10. 헐다만 집들이 凶物스럽다. (　　)
11. 철수는 放學숙제를 위해 박물관에 갔다. (　　)
12. 어떤 곳에 가면 음식점마다 元祖라고 내걸은 것을 볼 수 있다. (　　)
13. 풍족한 때에도 근검 節約하는 자세를 잃지 말아야겠다. (　　)
14. 휴대전화의 보급으로 상대방과의 직접 通話가 쉬워졌다. (　　)
15. 다행히 醫術이 뛰어난 분을 만났다. (　　)
16. 요즘은 거리에서 洋服店을 찾아보기 어렵다. (　　)
17. 白雲대는 서울 근교에서 가장 높은 산이다. (　　)
18. 군인들이 거수경례할 때 가장 애용하는 구호가 '必勝'이다. (　　)
19. 피아노는 모든 악기의 基本이 된다. (　　)
20. 눈앞에 展開되는 경치에 감탄사가 절로 나왔다. (　　)
21. 요즘은 웬만한 銀行일을 집에서 처리할 수 있어 편하다. (　　)
22. 雨中임에도 행사의 모든 순서가 예정대로 진행되었다. (　　)
23. 젊은이여 野望을 가져라. (　　)
24. 좋은 리더는 구성원들 간의 調和를 중요하게 생각한다. (　　)
25. 금년은 막바지 기온이 높고 햇볕이 좋아 모든 열매가 充實하다. (　　)
26. 그분은 고령임에도 畫筆을 놓지 않았다. (　　)
27. 인간 세계에는 永遠이란 없다. (　　)
28. 感情이 지나치게 예민한 사람은 쉽게 화를 내기도 한다. (　　)
29. 대도시에는 단독 住宅에 사는 사람이 점점 줄어 들고 있다. (　　)
30. 이전에 농촌에서는 邑內에 나가 생필품을 사 오곤 했다. (　　)
31. 卒業式은 여전히 가장 중요한 학교 행사다. (　　)
32. 유형 무형의 물건값을 價格이라고 한다. (　　)
33. 통계에 의하면 최빈국 사람들의 幸福지수가 가장 높게 나온다고 한다. (　　)
34. 좋은 임금은 항상 좋은 臣下를 아꼈다. (　　)
35. 모든 의안이 合法적으로 처리되었다. (　　)

※ 다음 漢字의 訓과 音을 쓰시오.

36. 州 (　　)　　37. 兵 (　　)
38. 傳 (　　)　　39. 以 (　　)
40. 太 (　　)　　41. 族 (　　)
42. 週 (　　)　　43. 士 (　　)
44. 仙 (　　)　　45. 舊 (　　)
46. 番 (　　)　　47. 束 (　　)
48. 己 (　　)　　49. 歲 (　　)
50. 質 (　　)　　51. 的 (　　)
52. 奉 (　　)　　53. 到 (　　)
54. 害 (　　)　　55. 陸 (　　)
56. 相 (　　)　　57. 兒 (　　)
58. 任 (　　)

기출예상문제 [라]

※<보기>에서 반대자를 찾아 단어가 되게 하시오.

①弟 ②班 ③客 ④野 ⑤朝 ⑥溫 ⑦夜

59. 主( ) 60. 晝( ) 61. ( )夕

※다음 ( )안에 각각 알맞은 글자를 <보기>에서 찾아 넣어 사자성어를 완성하시오.

①才 ②夏 ③手 ④敬
⑤別 ⑥良 ⑦書 ⑧成

62. 多( )多能 : 재주 많고 잘하는 것이 많음.

63. 門前( )市 : 문 앞이 저자거리마냥 찾아오는 사람이 많음.

64. ( )天愛人 : 하늘을 공경하고 사람을 사랑함.

65. ( )藥苦口 : 좋은 약은 입에 씀.

※<보기>에서 비슷한자를 찾아 단어가 되게 하시오.

①話 ②自 ③在 ④由 ⑤共 ⑥養

66. ( )同 67. 說( ) 68. ( )育

※다음 각 단어와 음은 같으나 뜻이 다른 단어를 쓰되 주어진 뜻풀이에 맞는 말을 漢字로 쓰시오.

69. 消化 -( ) : 불을 끔.

70. 全力 -( ) : 싸우는 힘.

71. 九章 -( ) : 구기를 하는 운동장.

※다음 漢字語의 뜻을 간단히 쓰시오.

72. 米商 : ( )

73. 樹種 : ( )

74. 變速 : ( )

※다음 漢字의 略字를 쓰시오.

75. 體( ) 76. 來( ) 77. 藥( )

※다음 밑줄 친 단어를 漢字로 쓰시오.

78. 심심할 때 지도를 들여다보면 재미있다.
.... ( )

79. 그 친구는 어렸을 때부터 신동 소리를 들었다.
.... ( )

80. 좋은 음악은 마음을 편안하게 해 준다.
.... ( )

81. 요즘은 소문이 빨리 그리고 멀리 퍼진다.
.... ( )

82. 이번에 맡은 공사에는 사운이 걸려 있다.
.... ( )

83. 토의에서는 소수의 반대 의견도 존중해야 한다.
.... ( )

84. 에디슨을 흔히 발명의 아버지라고 일컫는다.
.... ( )

85. 얼마 전에 우리나라에서도 부분월식이 관측되었다.
.... ( )

86. 요즘 학생들은 계산기 때문에 암산 능력이 떨어진다고 한다. .... ( )

87. 차를 움직이려면 먼저 시동을 걸어야 한다.
.... ( )

88. 우리 할머님은 화초 가꾸기가 취미시다.
.... ( )

89. 4월 5일은 식목일이다.
.... ( )

90. 제 고장 음식이 몸에 좋다고 한다.
.... ( )

91. 차창 밖으로는 여름 산의 푸르름이 지나가고 있었다.
.... ( )

92. 시인 김소월은 짧은 생애에 수많은 명작을 남겼다.
.... ( )

93. 주문이 밀려들어 매일 밤샘 작업을 할 정도다.
.... ( )

94. 가정이 편안해야 바깥일도 잘 된다.
.... ( )

95. 작년 겨울은 정말 많이 추웠다.
.... ( )

96. 주위의 격려로 용기를 내어 번지점프에 도전했다.
.... ( )

97. 금융기관은 특별히 신용을 중시한다.
.... ( )

※다음 漢字에서 진하게 표시한 획은 몇 번째 쓰는지 <예>에서 찾아 그 번호를 쓰시오.

①1번째 ②2번째 ③3번째 ④4번째 ⑤5번째
⑥6번째 ⑦7번째 ⑧8번째 ⑨9번째 ⑩10번째

98. ( ) 99. ( ) 100. ( )

功 身 右

- 74 -

모의고사해답

특 징

▷문제와 해답이 같은 서식이므로 쉽게 대조.
▷훈음과 뜻풀이를 수록함으로써 자습능력을 키움.
▷해답으로 먼저 공부하고 풀어 봄으로써 자신감 부여.

一 독음문제 : 대표훈음을 수록함으로써 오답을 바로 잡을 수 있음.
※ 주의사항 일자다음자와 두음법칙으로 인한 착오가 없도록
반드시 정답 란으로 채점바람.
二 훈음문제 : 모든급수에서 골고루 출제.
三 단어문제 : 단어의 뜻풀이를 첨가함으로써 국어공부 향상.
四 고사성어 : 고사성어의 독음과 뜻풀이 첨가.
五 반 대 자 : 훈음을 첨가하여 이해하기 쉽도록 구성.
　 유 의 자
六 약자문제 : 전체 2번씩 출제.
七 일자다음자 : 독음문제에(*) 반영시킴.
八 동음이의어 : 뜻풀이를 첨가하여 비교할 수 있도록 구성.
九 뜻 풀 이 : 뜻이 여럿 있는 단어위주로 출제.
十 조 어 력 : 문법구조 설명.

도 움 말

① "㊌"- 유의자   "㊉"- 반대자 표시
② "※"- 일자다음자 또는 두음법칙 표시

□ 일자다음자 □

	아닐 불	不問 (불문)	不便 (불편)
不		不安 (불안)	不孝 (불효)
	아닐 부	不當 (부당)	不在 (부재)
		不德 (부덕)	不正 (부정)
		不動 (부동)	不足 (부족)
		不同 (부동)	不知 (부지)
樂	노래 악	歌樂 (가악)	洋樂 (양악)
		禮樂 (예악)	農樂 (농악)
	즐길 락	安樂 (안락)	同樂 (동락)
		和樂 (화락)	樂園 (낙원)
	좋아할요	樂山 (요산)	樂水 (요수)
便	편할 편	男便 (남편)	便利 (편리)
		方便 (방편)	便安 (편안)
		人便 (인편)	便紙 (편지)
		車便 (차편)	便法 (편법)
	오줌 변	便所 (변소)	用便 (용변)
		大便 (대변)	小便 (소변)
車	수레 차	火車 (화차)	車道 (차도)
	수레 거	人力車 (인력거)	
北	북녘 북	南北 (남북)	北向 (북향)
	달아날배	敗北 (패배)	
畫	그림 화	畫家 (화가)	畫室 (화실)
	그을 획	計畫 (계획)	畫數 (획수)

□ 두음법칙 □

ㄴ→ㅇ	女(녀→여) 年(년→연)		
ㄹ→ㄴ	老(로→노) 來(래→내) 路(로→노) 綠(록→녹)		
ㄹ→ㅇ	立(립→입) 力(력→역) 里(리→이) 林(림→임)		
	禮(례→예) 利(리→이) 李(리→이) 例(례→예)		

□ 정자(약자) □

國(国) 氣(気) 對(対) 圖(図) 讀(読) 同(仝) 樂(楽) 來(来)
萬(万) 發(発) 世(丗) 數(数) 藥(薬) 戰(战) 體(体) 學(学)

第1回 한자능력검정시험(해답) 5급Ⅱ

(시험시간 : 50분)

독음 문제 … "쑝" 두음법칙·활음조현상 주의합시다.

1. 商店 [상점] 장사상/가게점
2. 性能 [성능] 성품성/능할능
3. 歲月 [세월] 해세/달월
4. 速度 [속도] 빠를속/법도도
5. 宿所 [숙소] 잘숙/바소
6. 順理 [순리] 순할순/다스릴리
7. 時節 [시절] 때시/마디절
8. 約束 [약속] 맺을약/묶을속
9. 旅情 [여정] 나그네여/뜻정
10. 仙樂 [선악] 신선선/노래악
11. 溫室 [온실] 따뜻할온/집실
12. 團體 [단체] 둥글단/몸체
13. 要式 [요식] 요긴할요/법식
14. 當局 [당국] 마땅당/판국
15. 勇氣 [용기] 날랠용/기운기
16. 偉大 [위대] 위대할위/큰대
17. 元老 [원로] 으뜸원/늙을로
18. 雲集 [운집] 구름운/모을집
19. 凶惡 [흉악] 흉할흉/악할악
20. 鮮美 [선미] 고울선/아름다울미
21. 모든 한자는 部首를 꽤 외해야 한다. [부수]
22. 상품은 品質이 좋아야 한다. [품질]
23. 타인의 意見을 존중한다. [의견]
24. 그 가게는 종업원의 親切한다. [친절]
25. 성모의 夢目을 해 줄 수 있다. [독뫀]
26. 東獨과 서독이 통일되다. [동독]
27. 세 마음으로 고통을 이루 말할 수 없다. [천신]
28. 다른 나라에 使臣이 당도하였다. [사신]
29. 조상들의 遺物을 소중히 간수하자. [유물]

30. 兵卒들은 장수의 명령을 받고 따른다. [병졸]
31. 부처님의 說法을 듣다. [설법]
32. 주임마다 奉任할 일을 공부한다. [봉사]
33. 부모님 말씀 念頭에 두자. [염두]
34. 한자시험에 合格했다. [합격]
35. 그 애기는 나와 相關이 있다. [상관]

독음 문제 … 맞춤법에 주의합시다.

36. 決 결단할결
37. 種 씨종
38. 觀 볼관
39. 士 선비사
40. 良 어질량
41. 雨 비우
42. 參 참여할참
43. 州 고을주
44. 以 써이
45. 友 벗우
46. 充 채울충
47. 任 맡길임
48. 傳 전할전
49. 郡 고을군
50. 化 될화
51. 死 죽을사
52. 陸 뭍륙
53. 油 기름유
54. 實 열매실
55. 訓 가르칠훈
56. 兒 아이아
57. 級 등급급
58. 調 고를조

합격

단어 문제 … 뜻을 참고하여 공부합시다.

59. 歌童 [가동] (가동: 장사일에 가동을 노래를 부르는 아이)
60. 念信 [염신] (염신: 잊지 않고 생각함)
61. 登第 [등제] (등제: 과거에 급제함)
62. 分科 [분과] (분과: 전문 과목이나 업무를 분류함)
63. 世代 [세대] (세대: 이미 연대를 같이한 사람)
64. 新春 [신춘] (신춘: 새해 이른 봄)
65. 飮食 [음식] (음식: 먹는 것과 마시는 것)
66. 戰後 [전후] (전후: 전쟁이 끝난 후)
67. 表紙 [표지] (표지: 책의 앞뒤 겉장)
68. 各地 [각지] (각지: 각 지방이나 여러 곳)
69. 對答 [대답] (대답: 부름에 응하거나 묻는 말에 답함)
70. 反省 [반성] (반성: 돌이켜 살핌)
71. 社長 [사장] (사장: 회사의 최고 사령자)
72. 始動 [시동] (시동: 처음으로 움직임)
73. 業果 [업과] (업과: 하는 일의 결과)
74. 할아버지 祖 [조] (한가지공)
75. 별 發 [발]
76. 한가지공 共 [공]
77. 음식 運 [운]
78. 반 半 [반]
79. 형 兄 [형] (행형/이우제)
80. 콩 果 [과] (공공/지낼과, 결과과)
81. 수 手 [수] (순수/법수)

반대자 문제 … 뜻을 생각해 해 봅시다.
78. 反 (半)
79. 兄 - (弟)
80. 共 (功) - 過
81. 手 - (足)

유의자 문제 … 뜻을 생각해 공부합시다.
82. 家 (①) - 宅
83. 計 (計) - 算
84. 幸 (幸) - 福

고사성어 … 뜻을 참고하여 공부합시다.
85. 白衣 (①民)族
86. 一方 (④通)行
87. 人命 (②在)天
88. 八道 (⑥江)山

동음이의어 문제 … 뜻을 참고하여 공부합시다.
① 黃 ② 消 ③ 效 ④ 和 ⑤ 調 ⑥ 畫
89. 孝 (②) 90. 所 (②) 91. 畫 주

약자 문제 … 정자의 약자를 적어 봅시다.
92. 感知 (감지)
93. 洗面 (세면)
94. 問責 (문책)
95. 孝 (효)
96. 學 (学)
97. 會 (会)

필순 문제 … 기본필순에 따라 정확하게 익힙니다.
98. 萬 (方) ⑥ 6번째
99. 服 ⑦ 7번째
100. 然 ⑧ 8번째

第 2 回 한자능력검정시험(해답) 5급Ⅱ

(시험시간: 50분)

독음 문제 … "家" 두음법칙 · 활음조현상 주의합시다.

1. 凶年 [흉년]
2. 品種 [품종]
3. 見識 [견식]
4. 充電 [충전]
5. 訓練 [훈련]
6. 過歲 [과세]
7. 廣野 [광야]
8. 價格 [가격]
9. 效能 [효능]
10. 特典 [특전]
11. 局面 [국면]
12. 陸軍 [육군]
13. 幸福 [행복]
14. 強調 [강조]
15. 必要 [필요]
16. 在宅 [재택]
17. 道德 [도덕]
18. 客觀 [객관]
19. 變化 [변화]
20. 敬愛 [경애]
21. 함경단어가 結成 되있다. [결성]
22. 잘못을 告白 하다. [고백]
23. 시험등수를 公開 하다. [공개]
24. 운동회에 參席하다. [참석]
25. 어려운 關門을 통과하다. [관문]
26. 경춘함을 지고가는 舊習이다. [구습]
27. 의료카드에는 病歷이 기록돼 있다. [병력]
28. 筆者의 의도를 잘 읽어야한다. [필자]
29. 엄마는 아기가 나올려고즈 産氣를 느끼다. [산기]
30. 싸울때는 感情이 격해진다. [감정]
31. 타인에 읊다가면 展望이 좋다. [전망]
32. 날씨가 더우면 溫度가 올라간다. [온도]
33. 財團에서 불우이웃돕기를 하다. [재단]
34. 가게는 商號가 좋아야한다. [상호]
35. 드디어 決勝에 올랐다. [결승]

훈음 문제 … 맞춤법에 주의합시다.

36. 相 서로 상
37. 順 순할 순
38. 獨 홀로 독
39. 己 몸 기
40. 說 말씀 설
41. 惡 악할 악
42. 旅 나그네려
43. 約 맺을 약
44. 性 성품 성
45. 週 주일 주
46. 材 재목 재
47. 當 마땅 당
48. 洗 씻을 세
49. 頭 머리 두
50. 的 과녁 적
51. 別 다를 별
52. 勞 일할 로
53. 孫 손자 손
54. 害 해할 해
55. 醫 의원 의
56. 類 무리 류
57. 章 글 장
58. 流 흐를 류

단어 문제 … 뜻을 참고하여 공부합시다.

59. 산골에서 약초를 재배하다. [藥草]
60. 노으역에 젊은이가 앉으면 안 된다. [老弱]
61. 나의 의도와 달리 오해를 받았다. [意圖]
62. 직각은 90도이다. [直角]
63. 새로 나온 책의 제명이 독특하다. [題名]
64. 경험이 많은 사람은 술수도 뛰어나다. [術數]
65. 금수가 음나가면 신출한자를 익혀야한다. [新出]
66. 디지털 시계가 정확하다. [時計]
67. 전세계의 평화를 주구하다. [平和]
68. 이과생은 실습을 많이 한다. [理科]
69. 관광지표판에는 3개 국어로 표기 돼 있다. [表記]
70. 출처별명의 후문은 믿지 않다. [後聞]
71. 고등학교에 다니는 삼촌. [高等]
72. 급소를 맞으면 위험하다. [急所]
73. 남부지방에 장맛비가 내리다. [南部]

한자 문제 … 훈음을 정확히 익힙니다.

74. 고을 읍 (邑)
75. 지경 계 (界)
76. 공 공 (功)
77. 나눌 반 (班)
78. 나타날현 (現)

상대자 문제(반성어) … 뜻을 생각 해 봅시다.

79. 敎 - (學)
80. 창 - (短) 장단
   가르칠교/배울학
   長 - 건강/짦음단
81. 春 - (秋) 춘추
   봄춘/가을추

유의자 문제(완성형) … 뜻을 생각 해 봅시다.

82. 法 (②式) 법식/법식
83. 到 (⑥着) 도착 이를도/붙을착
84. 責 (④任) 책임 맡을책/맡길임

고사성어 문제 … 뜻을 참고하여 공부합시다.

85. (안보) 知足 ...... 安分
   안분지족: 편안한 마음으로 분수를 지켜 만족을 앎.
86. (청풍) 明月 ...... 淸風
   청풍명월: 맑은 바람과 밝은 달.
87. 樂山 (요수) ...... 樂水
   요산요수: 산을 좋아하고 물을 좋아함.
88. 大明 (천지) ...... 天地
   대명천지: 아주 밝은 세상.

동음이의 문제 … 같은 소리에 다른 뜻을 지닌 한자

89. 집안과 세간살이 (②) ①家口 ②家具
90. 땅이 기다림 (②) ①古代 ②苦待
91. 일정하지 않음 (②) ①不正 ②不定

조어력 문제 … 문법에 맞게

92. 학업을 쉼 : (휴학)—(休學)
93. 여러사람이 모여서 먹음 : (회식)—(會食)
94. 모두 다 함께 : (공동)—(共同)

약자 문제 … 정자와 약자를 다 익히도록 합시다.

95. 對 (対)
96. 發 (発)
97. 體 (体)

필순 문제 … 기본원칙에 따라 정확히 익힙니다.

98. 字 ④ 4번째 [필순] ˋ ˊ 宀 宀 ウ 字 字
99. 戰 ⑫ 12번째 [필순] ˋ 甲 甲 單 單 戰 戰 戰
100. 鮮 ⑦ 7번째 [필순] ' ㅅ 合 合 免 魚 魚 鮮 鮮

합격

第3回 한자능력검정시험(해답) 5급Ⅱ

(시험시간 : 50분)

독음 문제 … 다음 한자어의 독음(讀音:한자의 음)을 쓰시다.

1. 家具 [가구]
2. 筆記 [필기]
3. 變德 [변덕]
4. 結局 [결국]
5. 開店 [개점]
6. 化石 [화석]
7. 客室 [객실]
8. 決定 [결정]
9. 別種 [별종]
10. 知命 [지명]
11. 兵法 [병법]
12. 通關 [통관]
13. 病者 [병자]
14. 苦待 [고대]
15. 格物 [격물]
16. 特使 [특사]
17. 必勝 [필승]
18. 流産 [유산]
19. 見習 [견습]
20. 材質 [재질]
21. 功勢가 있으면 성을 만든다. [공로]
22. 시내에서 過速은 위험하다. [과속]
23. 남기실 일을 지켜올 것을 要望한다. [요망]
24. 科目 중에 국어가 재밌다. [과목]
25. 오늘의 課題는 관련이다. [과제]
26. 다음 일보다 今見가 더 힘들다. [답변]
27. 이번 주는 내가 當番이다. [당번]
28. 책을 읽고 良識있는 사람이 되자. [양식]
29. 어른들께는 敬語를 사용해야 한다. [경어]
30. 歷史를 바로 알고 공부에 節電을 해야 한다. [절전]
31. 타인의 침해을 發展하자. [역사/발전]
32. 건강의 중요성을 切感한다. [절감]
33. 젊은이들은 아픔을 선도하는 性[향]이 있다. [성향]
34. 풍경과 도시 품속이 [풍경/도시]

독음 문제 … 맞춤법에 주의합시다.

35. 舊 예 구
36. 價 값 가
37. 福 복 복
38. 到 이를 도
39. 基 터 기
40. 無 없을 무
41. 奉 받들 봉
42. 朗 밝을 랑
43. 念 생각 념
44. 告 고할 고
45. 仕 섬길 사
46. 仙 신선 선
47. 李 오얏 리
48. 練 익힐 련
49. 信 믿을 신
50. 束 묶을 속
51. 席 자리 석
52. 首 머리 수
53. 線 줄 선
54. 宿 잘 숙
55. 例 법식 례
56. 習 익힐 습
57. 度 법도 도
58. 臣 신하 신

합격

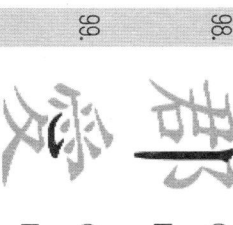

단어 문제 … 다음 한자어를 한자로 써봅시다.

59. 전국소년체전에 각도에서 출전한다. [各道]
60. 괜찮아 나는 정말 들렀습니까? [果然]
61. 광선이 빛줄기 [光線]
62. 아이들은 동화책을 좋아한다. [童話]
63. 회의안건에 동의한다. [同意]
64. 다음 날 부하들은 힘이 든다. [部下]
65. 신약 개발에 힘쓴다. [新藥]
66. 건강검진에서 신장도 잰다. [身長]
67. 셋을 때는 정성을 제대야한다. [誠意]
68. 숫자의 집계를 내다. [集計]
69. 오늘은 은행 산업이나 생명 중시하는 사람의 시대 [業界]
70. 어느 집에 참고가 북적거리다. [窓口]
71. 실인은 체면을 중시 한다. [體面]
72. 혜택! 남을 대하려 혜공한 도리에 잃인 [和答]

한자 문제 … 훈음을 정확히 익힙시다.

73. 便 편할 편
74. 利 이할 리
75. 角 뿔 각
76. 表 겉 표
77. 信 믿을 신

반대자 문제 … (완성형)

78. 前 - (後)
79. 生 (死)
80. 南 - (北)
81.

유의자 문제 … (완성형)

82. 土 - (地)
83. 運 - (動)
84. 正 - (直)

고사성어 문제 … 훈음을 정확히 익힙시다.

85. 年中 (③行事)
86. ①多子多能
87. 八方(⑦父傳)子傳
88. 美人

동음이의어 문제 … 직업과 의미가 되도록 훈음을 익힙시다.

89. 養(⑥)
90. 實(②)
91. 洗(④)
92. 한 가게의 종사업 일을 다 의행하는 사람
93. 어떤 일을 할 수 효용
94. 생전이나 사자의 이름....
95. 禮(禮)
96. 醫(醫)
97. 區(區)

필순 문제 … 기본필순에 따라 정확히 익힙니다.

98. 禮 ⑩10번째
99. 感 ⑧8번째
100. 省 ③3번째

第 4 回 한자능력검정시험(해답) 5급Ⅱ

(시험시간: 50분)

독 음 문제 … "쪽" 두음법칙·활음조현상 주의합시다.

1. 效果 [효과]
2. 必然 [필연]
3. 害惡 [해악]
4. 德望 [덕망]
5. 海流 [해류]
6. 着工 [착공]
7. 過勞 [과로]
8. 特種 [특종]
9. 學識 [학식]
10. 能通 [능통]
11. 課長 [과장]
12. 老地 [택지]
13. 筆紙 [필지]
14. 團束 [단속]
15. 觀念 [관념]
16. 本意 [본의]
17. 客店 [객점]
18. 親知 [친지]
19. 獨白 [독백]
20. 旅行 [여행]
21. 단체로 美術 전시 관람을 했다. [미술]
22. 시장을 갈 땐 品目을 적어서 나선다. [품목]
23. 많은 것을 使命감을 갖고 있다. [사명]
24. 質責하면서 거짓말을 한다. [질책]
25. 지각 理由를 말해 보아라. [이유]
26. 여행으로 友愛를 다진다. [우애]
27. 방학을 充實하게 보낸다. [충실]
28. 방학후 수업에서 禮節을 배운다. [예절]
29. 동네에서 歡苦 전치가 열렸다. [경로]
30. 주택가를 開發하다. [개발]
31. 삼일절날 대한독립 萬歲를 외치다. [만세]
32. 축제가 끝나면 宿所로 가서 쉰다. [숙소]
33. 藥局에서 연고를 사다. [약국]
34. 독립운동을 할 때는 비밀 結社를 조직했다. [결사]
35. 여름에는 雨中인 날이 많다. [우중]

훈음 문제 … 맞춤법에 주의합시다.

36. 雲 구름 운
37. 法 법 법
38. 商 장사 상
39. 情 뜻 정
40. 元 으뜸 원
41. 兵 병사 병
42. 格 격식 격
43. 史 사기 사
44. 見 볼 견
45. 養 기를 양
46. 歷 지날 력
47. 産 낳을 산
48. 財 재물 재
49. 黃 누를 황
50. 關 관계할 관
51. 畫 그림 화
52. 展 펼 전
53. 朝 아침 조
54. 切 끊을 절
55. 族 겨레 족
56. 凶 흉할 흉
57. 晝 낮 주
58. 具 갖출 구

단 어 문제 … 뜻을 참고하여 공부합시다.

59. 오늘은 목욕탕 休業이다. [휴업]
60. 죽도 후반전이 더 재밌다. [후반]
61. 남녀는 平等하다. [평등]
62. 표제가 너무 길다. [표제]
63. 하늘의 높이 高空 행성이 떨어진다. [고공]
64. 일요일이면 敎會에 간다. [교회]
65. 응원하러 球場에 직접 간다. [구장]
66. 급한 일을 急事로 한다. [급사]
67. 정든 친구와 分班 되어 헤어졌다. [분반]
68. 농사짓는 神農을 가진 사람은 소농. [신농]
69. 많은 설명에 雪風이 쓰러졌다. [설풍]
70. 학교에서 인재를 育成 시키다. [육성]
71. 성인이 되면 立身 해야한다. [입신]
72. 옛날 시골에는 集村이 많이 있었다. [집촌]
73. 비 그친 뒤 淸明한 날씨. [청명]

한자 문제 … 훈음을 정확히 익힙니다.

74. 무거울중 重
75. 읽을 독 讀
76. 사라질소 消
77. 비로소시 始
78. 차례 제 第

반대자 문제 … 뜻을 생각 해 봅시다.

79. 내(內) - 外
80. 강(江) - 山
81. (東) - 西

유의자 문제(완성형) … 뜻을 생각 해 봅시다.

82. (①衣)服
83. (③偉)大
84. 變(⑥化)

고사성어 문제 … 뜻을 참고하고 공부합시다.

85. 決死(반대) … (反對)
86. 童話(작가) … (作家)
87. 一心(동체) … (同體)
88. 三十(육계) … (六計)

동음이의어 문제 … 같은 소리에 다른 뜻을 지닌다.

89. 공동으로 씀 … ② (共用)
90. 말로 전해 옴 … ① (口傳)
91. 새로 임명함 … ① (新任) / ② (信任)

뜻풀이 문제 … 직역과 의역을 조화롭게!

92. 念頭 : 생각에 두다.
93. 當代 : 그 시대.
94. 良書 : 좋은 책.

약자 문제 … 정자와 약자를 다 익히도록 합시다.

95. 數(数)
96. 圖(図)
97. 戰(戰)

필순 문제 … 기본원칙에 따라 정확히 익힙니다.

98. ⑫ 12번째
99. ⑦ 7번째
100. ⑩ 10번째

참격

第5回 한자능력검정시험(해답) 5급Ⅱ

(시험시간: 50분)

독음 문제 … "**쑛**" 두음법칙·활음조현상 주의합시다.

1. 産後 [산후]
2. 所感 [소감]
3. 草食 [초식]
4. 筆法 [필법]
5. 參萬 [삼만]
6. 首席 [수석]
7. 商界 [상계]
8. 韓服 [한복]
9. 相當 [상당]
10. 宿題 [숙제]
11. 親舊 [친구]
12. 雲雨 [운우]
13. 性格 [성격]
14. 識見 [식견]
15. 通過 [통과]
16. 良質 [양질]
17. 平和 [평화]
18. 凶計 [흉계]
19. 洗練 [세련]
20. 效力 [효력]
21. 비행기가 着陸할 때는 뒷바퀴부터 나온다. [착륙]
22. 歲月은 호르는 물과 같다. [세월]
23. 品目을 경례에 시장에 가야 효율은 경란다. [품목]
24. 동물들은 種族 보존의 본능이 강하다. [종족]
25. 惡材가 겹치면 국가가 어려워진다. [악재]
26. 우등생은 祖頭角을 나타낸다. [두각]
27. 연필에 溫情을 베풀었다. [온정]
28. 사과나무에 果實이 많이 열렸다. [과실]
29. 나들 充足 시켜 주며 생활 하다. [충족]

30. 술이 취하면 客氣를 부린다. [객기]
31. 전세 내용을 要約하여 줄이다. [요약]
32. 친구들은 全部 운동장에 모였다. [전부]
33. 어린이 보호구역에서는 速度를 줄인다. [속도]
34. 사람이 많이어서 줄을 順番을 기다린다. [순번]
35. 옛날 역사를 쓴 史話는 재밌다. [사화]

36. 結 맺을 결
37. 卒 마칠 졸
38. 敬 공경 경
39. 眞 참 진
40. 課 공부할 과
41. 必 반드시 필
42. 局 판 국
43. 決 결단할 결
44. 能 능할 능
45. 觀 볼 관
46. 團 둥글 단
47. 以 써 이
48. 望 바랄 망
49. 開 열 개
50. 變 변할 변
51. 米 쌀 미
52. 偉 클 위
53. 英 꽃부리 영
54. 典 법 전
55. 野 들 야
56. 節 마디 절
57. 任 맡을 임
58. 店 가게 점

훈음 문제 … 맞춤법에 주의합시다.

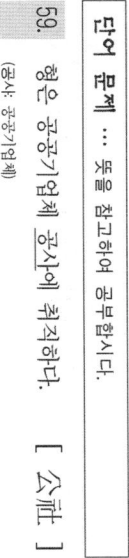

합격

단어 문제 … 정답을 참고하여 공부하시다.

59. 公社 [공사] ···
60. 發明 [발명] ···
61. 算術 [산술] ···
62. 藥物 [약물] ···
63. 歲表 [세표] ···
64. 昨年 [작년] ···
65. 地球 [지구] ···
66. 作文 [작문] ···
67. 集會 [집회] ···
68. 車窓 [차창] ···
69. 現金 [현금] ···
70. 形便 [형편] ···
71. 家庭 [가정] ···
72. 急用 [급용] ···
73. 念願 [염원] ···

유의자 문제 (양성형) … 뜻을 참고하여 공부해 봅시다.

82. 道 [도] - 路 [로] 길도/길로
83. 圖 [도] - 畵 [화] 그림도/그림화
84. 身 [신] - 體 [체] 몸신/몸체

고사성어 … 뜻을 생각 해 봅시다.
85. 白面書生 [백면서생]
86. 知行合一 [지행합일]
87. 奉仕活動 [봉사활동]
88. 男女有別 [남녀유별]

동음이의어 문제 … 뜻을 참고하여 다른 뜻을 지닌 한자.
89. 遠 (②)
90. 新 (⑦)
91. 說 (①)

①合	②書生	③風
④幸	⑤價	⑥祥
⑦信	⑧活動	⑨歌

조의어 문제 … 뜻을 생각 해 봅시다.
92. 農 - 農業 [농업]
93. 始 - 始祖 [시조]
94. 幸 - 幸運 [행운]

약자 문제 … 정자와 약자를 다 익히도록 합시다.
95. 讀(読) [독]
96. 樂(楽) [락]
97. 來(来) [래]

필순 문제 … 기본원칙에 따라 정확히 익힙시다.
98. 祭 [⑩ 10번째]
99. 勝 [⑥ 6번째]
100. 序 [⑨ 9번째]

반대자 문제 … 훈음을 정확히 익힙니다.
74. 重 지 (紙) 귀신 신 (神) [신]
75. 귀신 신 (神)
76. 새울 (鷄) [계]
77. 부을 주 (注) [주]
78. 무리 등 (等)

한자 문제 … 훈음을 정확히 익힙니다.
79. 朝 (夕) 아침조/저녁석
80. 陸 (海) 육지/바다해
81. 多 (少) 많을다/적을소

第 6 回 한자능력검정시험(해답) 5급Ⅱ

(시험시간 : 50분)

독음 문제 … "쓰" 두음법칙・활음조현상・활음조 주의합시다.

1. 開場 [개장]
2. 後任 [후임]
3. 陸路 [육로]
4. 調練 [조련]
5. 特效 [특효]
6. 古典 [고전]
7. 格式 [격식]
8. 朝鮮 [조선]
9. 品性 [품성]
10. 過多 [과다]
11. 結果 [결과]
12. 觀客 [관객]
13. 筆者 [필자]
14. 才能 [재능]
15. 決死 [결사]
16. 廣告 [광고]
17. 海兵 [해병]
18. 財産 [재산]
19. 敬意 [경의]
20. 元祖 [원조]

21. 무슨 일인지 사람들이 雲集해 있다. [운집]
22. 모두 물건을 맞추어두다. [구색]
23. 아파트가 아닌 住宅에 살고 있다. [주택]
24. 정부가 주최하는 國展에 당선되다. [국전]
25. 基金을 마련하여 이웃을 돕다. [기금]
26. 수업시간 중 선생님께 質問을 드리다. [질문]
27. 비가 그치고 차창 洗車를 하다. [세차]
28. 해외근로자의 勞苦가 크다. [노고]
29. 맞벌이부부는 育兒를 부모님께 맡기다. [육아]
30. 우리나라는 계절 따라 變化가 온다. [변화]
31. 오늘은 바둑 결승 對局이 벌어진다. [대국]
32. 머리를 다치면 石頭가 된다. [석두]
33. 어려운 것은 說明이 필요하다. [설명]
34. 즐거운 것은 名節이 되면 한복을 입는다. [명절]
35. 과거간에 相通되는 점이 있어 통한다. [상통]

훈음 문제 … 맞춤법에 주의합시다.

36. 德 큰 덕
37. 參 참여할 참
38. 歲 해 세
39. 充 채울 충
40. 要 요긴할 요
41. 害 해할 해
42. 己 몸 기
43. 週 주일 주
44. 獨 홀로 독
45. 的 과녁 적
46. 良 어질 량
47. 材 재목 재
48. 士 선비 사
49. 向 향할 향
50. 雨 비 우
51. 陽 볕 양
52. 友 벗 우
53. 銀 은 은
54. 傳 전할 전
55. 樹 나무 수
56. 種 씨 종
57. 勝 이길 승
58. 州 고을 주

단어 문제 … 뜻을 참고하여 공부합시다.

59. 會同 각 당에 영수들이 회동이 있다. [회동]
60. 火急 사람이 다치면 화급을 다툰다. [화급]
61. 現代 현대를 살아가면서 에티켓을 지키자. [현대]
62. 幸運 내일을 다지면 행운을 상정한다. [행운]
63. 風樂 옛날 사또는 행차에 풍악을 울렸다. [풍악]
64. 表面 자녀가기 부모보다서 표면이 금갔다. [표면]
65. 電線 참새가 전선에 앉았다. [전선]
66. 全部 요번 시험에는 전부 만점이다. [전부]
67. 勇氣 대중앞에 나서는 것은 용기가 필요하다. [용기]
68. 弱體 동생은 약체로 태어나서 허약하다. [약체]
69. 成分 약의 성분을 분석해 보자. [성분]
70. 發音 영어 발음을 정확히 하자. [발음]
71. 班長 우리 반장은 독특하다. [반장]
72. 圖形 마음시간에 도형을 그려보았다. [도형]
73. 家業 전통분야에는 가업을 잇는 집안도 있다. [가업]

한자 문제 … 훈음을 정확히 익힙니다.

74. 셈 산 算
75. 아이 동 童
76. 살필 성 省
77. 창 장 場
78. 제목 제 題

반대자 문제 (상성형) … 뜻을 생각해 봅시다.

79. (夏) - 冬 여름하/겨울동
80. 출(出) - 入 날출/들입
81. (左) - 右 왼좌/오른우

유의자 문제 (상성형) … 뜻을 생각해 봅시다.

82. 練 (②習) 연습 익힐련/익힐습
83. 奉(④仕) 봉사 받들봉/섬길사
84. 約(⑥束) 약속 맺을약/묶을속

고사성어 문제 … 뜻을 생각해 봅시다.

85. 見物(생심) ‥‥‥‥ 生心
    견물생심: 물건을 보면 마음(욕심)이 생김.
86. 百年(대계) ‥‥‥‥ 大計
    백년대계: 백년동안이 되는 일체 같이 매우 큰계.
87. (세계)平和 ‥‥‥‥ 世界
    세계평화: 전 나라의 평화로움.
88. (시사)用語 ‥‥‥‥ 時事
    시사용어: 세상에서 일어나는 일에 관한 말.

동음이의어 문제 … 같은 소리로 다른 뜻을 지닌 한자.

89. 근무하는 곳에서 숙직하는 것 …(②)
    ①堂直 ②當直
90. 사람수의 순수 …(②)
    ①身手 ②身數
91. 공사하는 방식 …(②)
    ①公法 ②工法

뜻풀이 문제 … 적역과 의역 조화롭게!

92. 날 때부터 타고난 운명 …‥‥(④ 宿命)
93. 사랑하여 소중히 함 …‥‥(② 愛重)
94. 배워서 알고 있는 내용 …‥‥(③ 知識)

약자 문제 … 정자와 약자를 다 익히도록 합시다.

95. 號(号)
96. 畵(画)
97. 晝(昼)

필순 문제 … 기본원칙에 따라 정확히 익힙니다.

98. 使 ⑦ 7번째 [필순] ⑦ 7번째
99. 野 ⑦ 7번째
100. 庭 ⑧ 8번째

第 7 回 한자능력검정시험(해답) 5급Ⅱ

(시험시간 : 50분)

[독음 문제] … "쌀" 두음법칙·활음조현상 주의합시다.

1. 約定 [약정] 맺을약/정할정
2. 有能 [유능] 있을유/능할능
3. 知己 [지기] 알지/자기기
4. 元首 [원수] 으뜸원/머리수
5. 養親 [양친] 기를양/친할친
6. 公園 [공원] 공평할공/동산원
7. 集團 [집단] 모을집/둥글단
8. 調理 [조리] 고를조/다스릴리
9. 責任 [책임] 꾸짖을책/맡길임
10. 題目 [제목] 제목제/눈목
11. 識別 [식별] 알식/다를별
12. 舊習 [구습] 예구/익힐습
13. 練習 [연습] 익힐련/익힐습
14. 切品 [절품] 끊을절/물건품
15. 決勝 [결승] 결단할결/이길승
16. 過速 [과속] 지날과/빠를속
17. 類例 [유례] 무리류/법식례
18. 傳來 [전래] 전할전/올래
19. 高價 [고가] 높을고/값가
20. 前歷 [전력] 앞전/지날력

21. 여러 效用을 가진 쇠붙이. [효용] 본받을효/쓸용
22. 학교에서 勸하는 책은 必讀이다. [필독] 반드시필/읽을독
23. 신사는 的當한 말만을 약속한다. [적당] 과녁적/마땅당
24. 환자들을 救護病室에서 合宿한다. [합숙] 합할합/잘숙
25. 군인들이 훈련소에서 合宿한다. [합숙] 합할합/잘숙
26. 重要한 서류는 잘 보관한다. [중요] 무거울중/요긴할요
27. 집행형을 마치고 出所하다. [출소] 날출/바소
28. 오월은 新綠의 계절. [신록] 새신/푸를록
29. 밥을 먹고 消化가 나무 잘된다. [소화] 사라질소/될화

[독음 문제] … 맞춤법에 주의합시다.

30. 週番이 되면 책임을 다한다. [주번] 주일주/차례번
31. 햇빛에 種類별로 채소를 심었다. [종류] 씨종/무리류
32. 군인은 陸海空 삼군이다. [육해공] 뭍육/바다해/빌공
33. 제사를 지내고 나면 飮福한다. [음복] 마실음/복복
34. 할아버지는 山南北에 있다. [이북] 써이/북녘북
35. 어머니 말씀을 念頭에 두고 있다. [염두] *생각념/머리두

합격

36. 客 손 객
37. 實 열매 실
38. 相 서로 상
39. 惡 악할 악
40. 到 이를 도
41. 基 터 기
42. 鮮 고울 선
43. 奉 받들 봉
44. 朗 밝을 랑
45. 仕 섬길 사
46. 仙 신선 선
47. 質 바탕 질
48. 旅 나그네 려
49. 感 느낄 감
50. 性 성품 성
51. 通 통할 통
52. 洗 씻을 세
53. 京 서울 경
54. 勞 일할 로
55. 美 아름다울 미
56. 束 묶을 속
57. 愛 사랑 애
58. 臣 신하 신

[단어 문제] … 뜻을 참고하여 공부합시다.

59. 내학학동록 인상으로 가계부담이 크다. [家計]
60. 각부에서 주요 사업을 각각의 부분. [各部]
61. 물건이 옛날보다 기계화에 편의를 내놓다. [現物]
62. 요즘 농사짓는 일. [農業]
63. 받은 편지에 답신을 보내다. [答信]
64. 개인 성적을 도표로 그려 나타낸다. [圖表]
65. 방학이 되면 약학을 떠나고 싶다. [放學]
66. 가정의 명복수를 명명하게 드러나다. [明白]
67. 보모가 결혼한 부부 이 자기. [父母]
68. 사회에서 주는 긍정은 싶지 되지 않다. [社會]
69. 무엇이든지 처음 시작이 반이다. [始作]
70. 동계올림픽에서 가도를 이루다. [神話]
71. 차 없이 집선 구거인 단체. [直線]
72. 나는 체육시간이 좋다. [體育]
73. 춘설·봄에 내리는 눈. [春雪]

74. 노래 가 (歌)
75. 약할 약 (弱)
76. 몸 신 (身)
77. 다행 행 (幸)
78. 바람 풍 (風)

[반대자 문제] … 뜻을 정확히 익힙시다.

79. 조 (祖)-孫 손
80. 천 天-(地) 지
81. 생 (生)-死 사

[유의자 문제] … 뜻을 생각해 봅시다.

82. 結-(合) 결합 맺을결/합할합
83. 산 算-(數) 셈산
84. 아 (兒)-童 아이아/아이동

[고사성어 문제] … 뜻을 참고해 공부합시다.

85. 自由(①)語 자유자재로 ①말을 보지 않음
86. (①)話不同 이롭게 맞지 않음
87. 太古(⑧朝) 아주 먼 옛날
88. (⑤花朝)月 꽃이 피고 달이 밝은 지녁

[동음이의어 문제] … 같은 소리에 다른 뜻을 가진 한자.

89. 關(②) ①溫 ②觀 ③音 ④意 ⑤光 ⑥備
90. 廣(⑤)
91. 庭(⑥)

[약자 문제] … 정자와 약자를 다 바르도록 익힙시다.

92. 見聞 ··· 직접과 의견을 보고 들음
93. 例示 ··· 본을 들어 보기
94. 敬意 ··· 공경하는 뜻

95. 樂(楽) 96. 氣(気) 97. 同(仝)

[필순 문제] … 기본글자에 따라 정확히 익혀야 합니다.

98. 見聞 ④4번째 ··· 丂 丁 丁 永 永
99. 氣 ③3번째 ··· 氵 才 扌 扩 垶 族 族
100. 草 ⑨9번째 ··· 艹 艹 艹 艹 苩 苩 苩 草 草

第 8 回 한자능력검정시험(해답) 5급Ⅱ

(시험시간 : 50분)

독음 문제 … ※ 두음법칙·활음조현상 음독에 주의합시다.

1. 基本 [기본]
2. 傳說 [전설]
3. 責望 [책망]
4. 團結 [단결]
5. 德性 [덕성]
6. 節約 [절약]
7. 知識 [지식]
8. 能力 [능력]
9. 宅內 [댁내]
10. 雲雨 [운우]
11. 主流 [주류]
12. 農村 [농촌]
13. 幸福 [행복]
14. 來週 [내주]
15. 順行 [순행]
16. 字典 [자전]
17. 當然 [당연]
18. 到着 [도착]
19. 展開 [전개]
20. 人養 [임양]
21. 성인이 되어 獨立해서 살고 싶다. [독립]
22. 産苦의 고통을 어디에다 비하리. [산고]
23. 은행에서 元金을 보장해 주어야 한다. [원금]
24. 나는 성격이 明朗하다. [명랑]
25. 항상 情感이 어린 목소리. [정감]
26. 햇볕에 노출되면 變色된다. [변색]
27. 財界 인사들이 다 모였다. [재계]
28. 음식을 가려 먹으면 藥效가 좋다. [약효]
29. 반장으로 任命 받았다. [임명]
30. 옛날 便所는 무섭다. [변소]
31. 독서하고 見聞을 넓혀야 한다. [견문]
32. 경찰들이 거수로 敬禮한다. [경례]
33. 어디서 본 듯 舊面이다. [구면]
34. 그 집안의 法度를 따라야 한다. [법도]
35. 회사에서 努使 타협이 잘 이루어진다. [노사]

훈음 문제 … 맞춤법에 주의합시다.

36. 價 값 가
37. 廣 넓을 광
38. 商 장사 상
39. 兵 병사 병
40. 格 격식 격
41. 兒 아이 아
42. 品 물건 품
43. 調 고를 조
44. 告 고할 고
45. 念 생각 념
46. 練 익힐 련
47. 史 사기 사
48. 筆 붓 필
49. 洋 큰바다 양
50. 類 무리 류
51. 番 차례 번
52. 首 머리 수
53. 病 병 병
54. 宿 잘 숙
55. 根 뿌리 근
56. 陸 뭍 륙
57. 待 기다릴 대
58. 凶 흉할 흉

단어 문제 … 뜻을 참고하여 공부합시다.

59. 이번 사업은 가운이 달려있다. [家運]
60. 다형은 뾰족해서 위험하다. [角形]
61. 정규방송시간에 단신이 들어왔다. [短信]
62. 모든 사람은 동등한 대우를 받길 원한다. [同等]
63. 주민에 놀이공원을 이용한다. [利用]
64. 산촌은 산에서 임업을 하신다. [林業]
65. 부모님은 나의 꿈을 반대 하신다. [反對]
66. 2018년 평창동계올림픽 유치는 성과가 좋았다. [成果]
67. 크게 다쳐서 오늘 수술 하였다. [手術]
68. 시대에 뒤떨어지지 않도록 노력하라. [時代]
69. 신년에는 한해의 무릎을 빈다. [新年]
70. 집안의 시조는 알고 있어야 한다. [始祖]
71. 채소들이 토양이 영양부족으로 발육이 늦다. [發育]
72. 오늘 일이 의외로 빨리 끝났다. [意外]
73. 음악시간은 즐겁다. [音樂]

한자 문제 … 훈음을 정확히 하여야 합니다.

74. 말씀 어 (語)
75. 모일 사 (社)
76. 이제 금 (今)
77. 마실 음 (飮)
78. 놓을 방 (放)

반대자 문제 (완성형) … 뜻을 생각 해 봅시다.

79. 上 - (下) 위상/아래하
80. 心 - (身) 마음심/몸신
81. 問 - (答) 물을문/대답답

유의자 문제 (완성형) … 뜻을 생각 해 봅시다.

82. 永(②遠) 83. 過(①失) 84. 急(⑤速) 금영금/빠를속

고사성어 문제 … 뜻을 참고하여 공부합시다.

85. 民族(정기) 正氣: 한 민족의 씩씩한 기운
86. 特別(활동) 活動: 정식 교과목 이외의 특별 학습
87. 草食(동물) 動物: 초식동물을 주식으로 하는 동물.
88. 中部(지방) 地方: 어떤 지역의 가운데 위치한 곳.

동음이의어 문제 … 같은 소리에 다른 뜻을 지닌 한자.

89. 정신수양하는 서예를 일컫는 말 … ① 書道 ② 書圖
90. 묵은 음식을 삼임 … ① 消化 ② 消火
91. 실제로 검사하거나 조사함 … ① 實査 ② 實事

조어력 문제 … 문제에 맞게!

92. 어제. (작일) - (昨日)
93. 곧은 선. (직선) - (直線)
94. 바닷바람. (해풍) - (海風)

약자 문제 … 정자와 약자를 다 하이도록 합시다.

95. 世(古) 96. 國(国) 97. 萬(万)

필순 문제 … 기본원칙에 따라 정확히 익힙니다.

98. 球 [필순] ⑧ 8번째
99. 具 [필순] ⑥ 6번째
100. 級 [필순] ⑦ 7번째

참격

第9回 한자능력검정시험(해답) 5급II

(시험시간 : 50분)

독음 문제 … "쯉" 독음을 찾아 홈홈조흡상 주의합시다.

1. 會友 [회우]
2. 感知 [감지]
3. 必死 [필사]
4. 年歲 [연세]
5. 休養 [휴양]
6. 結束 [결속]
7. 信念 [신념]
8. 言語 [언어]
9. 筆頭 [필두]
10. 計畫 [계획]
11. 品格 [품격]
12. 洋藥 [양약]
13. 元來 [원래]
14. 公約 [공약]
15. 雪雨 [설우]
16. 人類 [인류]
17. 家臣 [가신]
18. 過當 [과당]
19. 要部 [요부]
20. 相面 [상면]
21. 어릴 때부터 쓰던 물건에 愛着이 간다. [애착]
22. 봄이 되면 觀光客이 땅이 다니다. [관광]
23. 사무국 局長님 인사말씀이 있었다. [국장]
24. 시무국장님 건강히 바라는 것을 말한다. [국정]
25. 이 일은 今週도 마쳐야 한다. [금주]
26. 광양 노란꽃 德養을 하면 조국이 된다. [조합]
27. 남들에 德業을 쌓는다. [덕업]
28. 銀行에서 현금을 찾는다. [은행]
29. 識者는 아는 사람을 말한다. [식자]

30. 新聞에는 항상 새로운 소식이 실린다. [신문]
31. 惡法도 법이다 라는 명언이 있다. [악법]
32. 집을 떠나 遠路에 고생이 많다. [원로]
33. 부모님 財産을 물려받다. [재산]
34. 그루조흡가 부산항에 우회좌왕 上陸 했다. [상륙]
35. 性急한 성격이 나쁘다. [성급]

훈음 문제 … 맞춤법에 주의합시다.

36. 偉 클 위
37. 節 마디 절
38. 見 볼 견
39. 店 가게 점
40. 說 말씀 설
41. 偉 뜻 정
42. 任 맡길 임
43. 福 복 복
44. 敬 공경 경
45. 卒 마칠 졸
46. 能 능할 능
47. 歷 지날 력
48. 課 공부할 과
49. 團 등글 단
50. 典 법 전
51. 失 잃을 실
52. 流 흐를 류
53. 親 친할 친
54. 展 펼 전
55. 由 말미암을 유
56. 效 본받을 효
57. 號 이름 호
58. 順 순할 순

합격

단어 문제 … 뜻을 참고하여 공부합시다.

59. 우리들은 항기에 합니다. (화기)(학기는 따스하고 희망한 기운) [和氣]
60. 겨울 해충은 너무 차갑다. (해풍은 바닷가의 바람) [海風]
61. 달력기가지참으로 월출은 지점에 찾이자. (춘분:경출과 청명의 사이의 이십사절기) [春分]
62. 춘분은 낮과 밤 길이가 같다. (출력:모든 힘을 내는일) [體力]
63. 이름은 재엽이 떨어진다. (재원:일반일) [出發]
64. 그의 죄가 청천백일 하에 드러났다. (청천:밝은 하날) [再次]
65. 크고 작은 햇볕이 망이 들어온다. (지형:땅의 모양) [地形]
66. 우리나라의 지형은 호랑이 형상이다. (지형:땅의 모양) [地形]
67. 점성한 사진으로 앨범을 만든다. (집상:문든 상아서 완성함) [集成]
68. 아이기를 재주기는 하다. (작명:이름을 지음) [作名]
69. 현문으로 된 책을 공부한다. (음독:소리내어 읽음) [音讀]
70. 우리 조상들은 함호에서 공부하고, 주로 붓으로 소리한다. (음독:소리내어 읽음) [才童]
71. 줄분은 낮과 밤 길이가 같다. (공유:두 사람 이상이 한 물건을 공동으로 소유함) [共有]

한자 문제 … 흡음을 정확히 익혀야 합니다.

72. 현문으로 된 책을 공부한다. (작명:이름을 지음) [共有]
73. 내년들에는 정보를 공동으로 (공유:두 사람 이상이 한 물건을 공동으로 소유함) [共有]
74. 있을 유 (有)
75. 날렐 용 (勇)
76. 과목 과 (科)
77. 집 당 (堂)
78. 뜻이름만 (室)

반대자 문제 … 뜻을 생각해 볼시다.

79. 대 - 소 大 - (小)
80. 몸 - 심 物 - (心)
81. 남 - 녀 男 - (女)

유의자 문제 … 뜻을 참고하여 공부합시다.

82. 교 - 훈 教 - (訓)
83. 명 - 랑 明 (明) - 朗

고사성어 문제 … 뜻을 생각해 봅시다.

84. 類萬 (④)不同 (류만부동:많은 것이 서로 같지 않음)
85. 以實 (①)告 (이실직고:사실 그대로 알림)
86. 現代 (⑤)活動 (현대의학:특별히 발달한)
87. 特別 (③)利用 (특별이용)
88. 음독:소리내어 다른 뜻을 읽

동음이의어 문제 … 뜻을 참고하여 공부합시다.

89. 其 (⑥) 90. 鮮 (②) 91. 圖 (⑦)
①園원 ②仙선 ③理리 ④果과
⑤温온 ⑥春춘 ⑦到도 ⑧果과

뜻풀이 문제 … 직역과 의역을 다 익일도록 합시다.

92. 마음속 (① 意中)
93. 마시는 데는 (② 飮用)
94. 점심을 구하다 (③ 質責)

약자 문제 … 정자와 약자를 다 익일도록 합시다.

95. 定(芝)
96. 價(価)
97. 關(関)

필순 문제 … 기본원칙에 따라 정확히 익일습니다.

98. 쯉 ⑫ 12번째
99. 衣 ⑥ 6번째
100. 命 ⑦ 7번째

100. 命 ノ人스合命

第10回 한자능력검정시험(해답) 5급II

(시험시간 : 50분)

讀音 문제 … 두음법칙 · 활용조건상 주의합시다.

1. 學習 [학습]
2. 窓口 [창구]
3. 雲海 [운해]
4. 所望 [소망]
5. 雨後 [우후]
6. 參見 [참견]
7. 前遇 [전우]
8. 相等 [상등]
9. 表情 [표정]
10. 知能 [지능]
11. 要約 [요약]
12. 性品 [성품]
13. 親交 [친교]
14. 反語 [반어]
15. 理法 [이법]
16. 部類 [부류]
17. 充當 [충당]
18. 切實 [절실]
19. 藥物 [약물]
20. 商術 [상술]

21. 우리나라는 이심사 節氣이다. [절기]
22. 내가 不德하여 이런 일이 잘못 되었다. [부덕]
23. 고모의 變心으로 물건을 교환하다. [변심]
24. 회사에서 重責을 맡고 있다. [중책]
25. 고리대금업자는 惡質이다. [악질]
26. 우리나라는 高速 성장했다. [고속]
27. 나는 고아라서 養母에게서 길러주셨다. [양모]
28. 한자 科目을 제일 좋아한다. [과목]
29. 기계로 제품을 生産 시키고 있다. [생산]
30. 도시 강변 독에 綠化 사업을 하다. [녹화]
31. 洗手하고 정신 차리자. [세수]
32. 쌍둥이 형과 아우를 區別 할까? [구별]
33. 武順에 맞춰 행사를 하다. [무순]
34. 모임에는 基金이 필요하다. [기금]
35. 歷史를 바로 알고 배우자. [역사]

訓音 문제 … 맞춤법에 주의합시다.

36. 客 손 객
37. 舊 예 구
38. 元 으뜸 원
39. 局 판 국
40. 以 써 이
41. 己 몸 기
42. 結 맺을 결
43. 種 씨 종
44. 良 어질 량
45. 友 벗 우
46. 材 재목 재
47. 州 고을 주
48. 必 반드시 필
49. 近 가까울 근
50. 害 해할 해
51. 多 많을 다
52. 過 지날 과
53. 禮 예도 례
54. 關 관계할 관
55. 夜 밤 야
56. 識 알 식
57. 溫 따뜻할 온
58. 具 갖출 구

단어 문제 … 뜻을 참고하여 공부합시다.

59. 오늘 업무 마치고 회식이 있다. [會食]
60. 민족상간 화평한 기운이 돈다. [和平]
61. 폭력발전소도 있다. [現場]
62. 태풍이 원전에서 힘이 든다. [風力]
63. 지도를 보고 여행을 하다. [地圖]
64. 몸을 항상 주의해야 한다. [注意]
65. 휴일에는 놀이공원을 이용하다. [利用]
66. 외계의 변화에 적응하다. [外界]
67. 업주들이 단합하여 가격을 인상하다. [業主]
68. 계몽들이 붙어나면 내피가 시금하다. [時急]
69. 오늘의 문제는 무엇일까요? [問題]
70. 공공요금을 인상되면 다른 물가도 오른다. [公共]
71. 이럴 적 독서가 기억에 남는다. [讀書]
72. 만 20세가 되면 성인이다. [成年]
73. 경찰신문에 붙으면 신상에 안 좋다. [身上]

漢字 문제 … 훈음을 정확히 익힙니다.

74. 목숨 명 (命)
75. 뜰 정 (庭)
76. 줄 선 (線)
77. 모을 집 (集)
78. 지을 작 (作)

반대자 문제 … 뜻을 생각 해 봅시다.

79. 發(③着) 80. 分(②合) 81. 死(④活)

유의자 문제 (완성형) … 뜻을 생각 해 봅시다.

82. 根(②本) 83. 兵(①卒) 84. 財(③産)

고사성어 문제 … 뜻을 참고하여 공부합시다.

85. (초가) 三間 ……… (草家)
86. (천하) 第一 ……… (天下)
87. (토목) 工事 ……… (土木)
88. (국민) 敎育 ……… (國民)

동음이의 문제 … 같은 소리에 다른 뜻을 지닌 한자.

89. 사물을 보거나 생각하는 방향 … (②)
   ① 各道 ② 角度
90. 양자가 맞서서 이기고 짐 … (②)
   ① 代決 ② 對決
91. 새롭고 산뜻함 … (②)
   ① 新鮮 ② 神仙

뜻풀이 문제 … 적어미 의역을 조화롭게!

92. 傳說 (전설) : 전해 내려오는 말.
93. 旅行 (여행) : 나그네가 되어 다님.
94. 廣告 (광고) : 넓게 알림.

약자 문제 … 정자와 약자를 다 익히도록 합시다.

95. 體(体) 96. 來(来) 97. 數(数)

필순 문제 … 기본원리에 따라 정확히 익힙니다.

98. 病 [필순] ⑧ 8번째
99. 幸 [필순] ⑧ 8번째
100. 紙 [필순] ⑨ 9번째

참 격!

第11回 한자능력검정시험 (해답) 5급II

(시험시간: 50분)

독음 문제 … "홍" 두음법칙·활음조현상 주의합시다.

1. 結實 [결실]
2. 過客 [과객]
3. 直線 [직선]
4. 神明 [신명]
5. 決意 [결의]
6. 課業 [과업]
7. 主題 [주제]
8. 筆答 [필답]
9. 計算 [계산]
10. 關心 [관심]
11. 種子 [종자]
12. 首長 [수장]
13. 告發 [고발]
14. 廣大 [광대]
15. 飮食 [음식]
16. 洗面 [세면]
17. 惡德 [악덕]
18. 敎具 [교구]
19. 公的 [공적]
20. 性質 [성질]
21. 우리 사회는 急變하고 있다. [급변]
22. 바다에서 보는 夕陽은 멋지다. [석양]
23. 요즘은 金銀값이 많이 올랐다. [금은]
24. 나의 장래희망은 記者이다. [기자]
25. 행복은 能動的으로 해야 한다. [능동]
26. 오랜 시간 걸려서 한양에 當到하다. [당도]
27. 夜宴에서 우정친 아기 울음소리가 들렸다. [야연]
28. 2년마다 光州 비엔날레가 열린다. [광주]
29. 일을 始作했으면 열심히 한다. [시작]

30. 생선은 新鮮도가 중요하다. [신선]
31. 市場에는 온갖 물건들이 많다. [시장]
32. 과자에 色素를 쓰면 안된다. [색소]
33. 午學 전공자가 유물 고증을 하다. [사학]
34. 태권도장에서 道服으로 갈아입다. [도복]
35. 가문의 法度를 따라야 한다. [법도]

훈음 문제 … 맞춤법에 주의합시다.

36. 着 붙을 착
37. 望 바랄 망
38. 雲 구름 운
39. 奉 받들 봉
40. 約 맺을 약
41. 週 주일 주
42. 獨 홀로 독
43. 養 기를 양
44. 參 참여할 참
45. 要 요긴할 요
46. 朗 밝을 랑
47. 區 구분할 구
48. 旅 나그네 려
49. 陸 뭍 륙
50. 歲 해 세
51. 園 동산 원
52. 勞 일할 로
53. 特 특별할 특
54. 化 될 화
55. 太 클 태
56. 觀 볼 관
57. 芙 사귈 교
58. 切 끊을 절

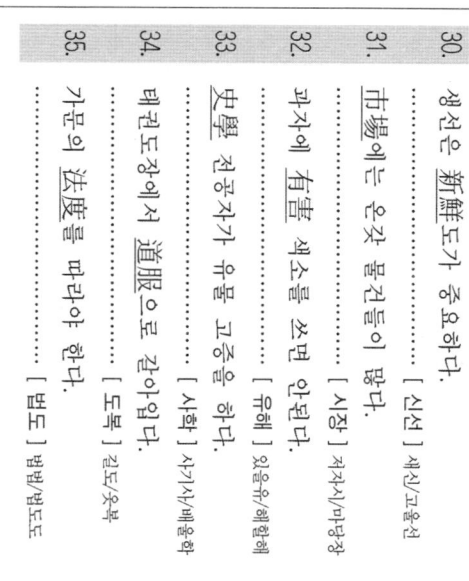
참격

단어 문제 … 뜻을 참고하여 공부합시다.

59. 會社 [회사]
60. 和色 [화색]
61. 風雪 [풍설]
62. 表現 [표현]
63. 草堂 [초당]
64. 體重 [체중]
65. 再來 [재래]
66. 靑果 [청과]
67. 才童 [재동]
68. 身邊 [신변]
69. 運命 [운명]
70. 分數 [분수]
71. 萬代 [만대]
72. 高祖 [고조]
73. 同窓 [동창]

한자 문제 … 훈음을 정확히 익힙시다.

74. 모양 형 (形)
75. 떼 부 (部)
76. 소리 음 (音)
77. 그럴 연 (然)
78. 다스릴 리 (理)

반대자 문제 (상대형) … 뜻을 생각해 봅시다.

79. 前 - (後)
80. 天 - (地)
81. 春 - (秋)

유의자 문제 (상사형) … 뜻을 참고하여 공부합시다.

82. 生 - (活)
83. 樹 - (木)
84. 言 - (語)

고사성어 문제 … 뜻을 참고하여 공부합시다.

85. (⑥家電)用品
86. (①交通)安全
87. (②開一)知十
88. (④良藥)苦口

동의의어 문제 … 같은 소리에 다른 뜻을 가진 한자.

89. 基 90. 短 91. 財

조어력 문제 … 낱말의 뜻을 알기 쉽게.

92. ①集 (④)
93. ②短 (③)
94. ③第 (②)
95. ④圖(圖) (⑤)
96. ⑤己 (①)
97. ⑥氣(気) (⑥)

약어 문제 … 정자와 약자를 다 익히도록 합시다.

98. 戰 (戦)

필순 문제 … 기본필순에 따라 정확히 익힙시다.

99. 效 ⑤ 5번째
100. 登 ⑫ 12번째

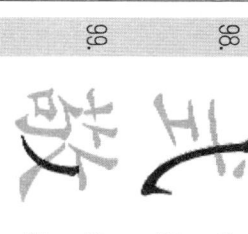

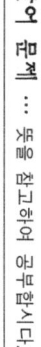

第12回 한자능력검정시험(해답) 5급Ⅱ

(시험시간 : 50분)

독음 문제 … "※" 두음법칙 · 활음조현상 주의합시다.

1. 幸運 [행운]
2. 當代 [당대]
3. 角木 [각목]
4. 愛重 [애중]
5. 品目 [품목]
6. 卒業 [졸업]
7. 見責 [견책]
8. 德望 [덕망]
9. 便紙 [편지]
10. 調和 [조화]
11. 結集 [결집]
12. 到來 [도래]
13. 過度 [과도]
14. 任地 [임지]
15. 舊式 [구식]
16. 童話 [동화]
17. 直路 [직로]
18. 自己 [자기]
19. 具體 [구체]
20. 良書 [양서]

21. 성격 장점에는 적극과 청순이 있다. [실효]
22. 나는 철학과 理念을 좋지 못한 [이념]
23. 부모님 자녀를 養育할 의무가 있다. [양육]
24. 비가 많이 오면 강물이 流速도 빨라진다. [유속]
25. 일정한 목적을 가지고 만들어진 社團이다. [사단]
26. 나는 필체가 좋지 못한 惡筆이다. [악필]
27. 野球의 묘미는 타점에 있다. [야구]
28. 기 순서대로 番號를 정한다. [번호]
29. 약속을 못 지키면 失言이 된다. [실언]
30. 하얀 수염에 한복 입은 모습은 神仙 같다. [신선]
31. 그녀는 수녀가 되는 것이 宿命이다. [숙명]
32. 산림원에 가면 樹林이 우거져 있다. [수림]
33. 시장에는 商賈가 즐비하다. [상고]
34. 협조하는 것은 相生하는 길이다. [상생]
35. 친구들 友情을 키워나가자. [우정]

훈음 문제 … 맞춤법에 주의합시다.

36. 價 값 가
37. 臣 신하 신
38. 格 격식 격
39. 變 변할 변
40. 鮮 고울 선
41. 兵 병사 병
42. 仙 신선 선
43. 仕 섬길 사
44. 洗 씻을 세
45. 産 낳을 산
46. 告 고할 고
47. 質 바탕 질
48. 練 익힐 련
49. 苦 쓸 고
50. 束 묶을 속
51. 病 병 병
52. 類 무리 류
53. 服 옷 복
54. 首 머리 수
55. 遠 멀 원
56. 陸 뭍 륙
57. 定 정할 정
58. 法 법 법

참 격

단어 문제 … 뜻을 참고하여 공부합시다.

59. 집집마다 가풍이 다르다. [家風]
60. 물건값 계산이 잘못 되었다. [計算]
61. 옛날엔 공동 우물터가 있었다. [共同]
62. 자수하여 광명 찾자. [光明]
63. 해로운 농약은 줄이자. [農藥]
64. 성형한 그릇을 말려서 굽다. [成形]
65. 도면에 있는 대로 만들자. [圖面]
66. 시험이 끝나고 등수를 확인하다. [等數]
67. 대학에 문과를 지원 할 것이다. [文科]
68. 오늘은 수능시험 발표 날. [發表]
69. 개임에서 숫자가 작으면 불리하다. [不利]
70. 서재 부류에서 나누어 놓은 부분. [部門]
71. 신문을 매일 잘 챙겨본다. [新聞]
72. 공부를 많이 해서 심신이 피로하다. [心身]
73. 개인 작전을 잘 짜야 한다. [作戰]

한자 문제 … 훈음을 정확히 익힙니다.

74. 재주 재 (才)
75. 급할 급 (急)
76. 눈 설 (雪)
77. 심을 식 (植)
78. 짧을 단 (短)

반대자 문제 (완성형) … 뜻을 생각 해 봅시다.

79. 先 - (後) 80. 手 - (足)
81. 強 - (弱)

유의자 문제 (완성형) … 뜻을 생각 해 봅시다.

82. 知(②識)   83. 節(①約)   84. 旅(⑥客)

고사성어 문제 … 뜻을 참고하여 공부합시다.

85. 決死反對 …… (반)
86. 草食動物 …… (동)
87. 男女有別 …… (유)
88. 白衣民族 …… (민)

동음이의 문제 … 같은 소리의 뜻을 지닌 한자.

89. ①力士 ②歷史 (②)
90. ①電氣 ②傳記 (②)
91. ①下校 ②下數 (②)

뜻풀이 문제 … 적어와 의어를 조화롭게!

92. 지구 표면을 둘러싸고 있는 공간 (⑥空中)
93. 마음의 새겨 조심함 (②注意)
94. 선천적으로 타고난 성질 (①天性)

약자 문제 … 정자와 약자를 다 익히도록 합시다.

95. 觀(観)   96. 廣(広)   97. 讀(読)

필순 문제 … 기본원칙에 따라 정확히 익힙니다.

98. 旗 ⑦ 7번째
99. 格 ⑥ 6번째
100. 分 ③ 3번째

第13回 한자능력검정시험(해답) 5급 II

(시험시간 : 50분)

독음 문제 … "꽃"두음법칙·활음조현상 주의합시다.

1. 代筆 [대필]
2. 相等 [상등]
3. 再線 [재선]
4. 結草 [결초]
5. 來歷 [내력]
6. 奉命 [봉명]
7. 主客 [주객]
8. 約數 [약수]
9. 良樂 [양약]
10. 美德 [미덕]
11. 任意 [임의]
12. 勝者 [승자]
13. 旅團 [여단]
14. 法典 [법전]
15. 偉力 [위력]
16. 順風 [순풍]
17. 流行 [유행]
18. 局地 [국지]
19. 溫情 [온정]
20. 變速 [변속]
21. 나의 別名은 특이하다. [별명]
22. 안경을 끼면 鮮明하게 보인다. [선명]
23. 한약의 效能이 좋다. [효능]
24. 경복궁을 하면 老母해야 한다. [존경]
25. 한자는 部首를 잘 알아야 한다. [부수]
26. 幸福하려도록 問責을 만든다. [문책]
27. 어느 신문사에서 있어서 모임에 不參하다. [불참]
28. 약속을 하면 特種이 발견 되었다. [특종]
29. 見本을 보고 선택하다. [견본]

30. 여행을 가면 宿食을 제공 된다. [숙식]
31. 일조량이 부족하면 凶年이 된다. [흉년]
32. 철기시대의 農具를 발견하다. [농구]
33. 은고知新으로 발전하자. [지신]
34. 오늘 저녁은 외식 當直이다. [당직]
35. 세금을 내야 通關 된다. [통관]

훈음 문제 … 맞춤법에 주의합시다.

36. 到 이를 도
37. 店 가게 점
38. 古 예 고
39. 調 고를 조
40. 充 채울 충
41. 卒 마칠 졸
42. 性 성품 성
43. 兒 아이 아
44. 財 재물 재
45. 惡 악할 악
46. 的 과녁 적
47. 基 터 기
48. 課 공부할 과/과정 과
49. 史 사기 사
50. 念 생각 념
51. 路 길 로
52. 展 펼 전
53. 習 익힐 습
54. 傳 전할 전
55. 永 길 영
56. 廣 넓을 광
57. 節 마디 절

합격

단어 문제 … 뜻을 참고하여 공부합시다.

59. 林業 [임업] : 임업을 위하여 산에서 일하는 사업
60. 便利 [편리] : 편하고 이로움. 쉽고 편함
61. 表出 [표출] : 겉으로 나타냄
62. 集中 [집중] : 한 가지 일에 모든 힘을 쏟아 부음
63. 用語 [용어] : (어떤 분야에서) 주로 사용하는 말
64. 身體 [신체] : (사람의) 몸
65. 成事 [성사] : 일을 이룸
66. 所聞 [소문] : 사람들 입에 오르내려 전하여 들리는 말
67. 世界 [세계] : 지구 위의 모든 나라. 인류 사회 전체
68. 消火 [소화] : 불을 끔
69. 書堂 [서당] : 예전에, 글방을 이르던 말
70. 運動 [운동] : (새로운) 상황을 일으키기 위하여 힘을 씀
71. 始發 [시발] : 맨 처음의 출발
72. 放心 [방심] : 마음을 다잡지 아니하고 풀어 놓아 버림
73. 消火 [소화] : (운동) 몸을 단련하거나 건강을 위하여 몸을 움직이는 일

한자 문제 … 훈음을 정확히 익혀서 씁니다.

74. 셀 계 (計)
75. 어제 작 (昨)
76. 공 구 (球)
77. 여름 하 (夏)
78. 재주 술 (術)

반대자 문제(반의어)… 뜻을 생각 해 봅시다.

79. 苦 - (樂) 쓸고즐길락
80. 南 - (北) 남녘남북녘북
81. 長 - (短) 긴장짧을단

유의자 문제(유사어) … 뜻을 참고 해 봅시다.

82. 年 - (歲) 해년해세
83. 品 - 물 건품물건물
84. 果 - 實 실과과열매실

고사성어 문제 … 뜻을 참고합시다.

85. (敬) 天 (愛) 人 : 하늘을 공경하고 사람을 사랑함
86. (家) 庭 (教) 育 : 가정교육 : 집에서 시기는 교육
87. 四字소학 : 넉자로 구성 된 아이들이 배우는 교재
88. 生 (產) (工) 場 : 물건을 만드는 공장

동음이의 문제 … 같은 소리에 다른 뜻을 지닌 한자.

89. ① 角 각
90. ② 感 감
91. ③ 兵 병
⑥ 畫 ④ 開 ⑦ 病
⑤ 畫 ⑥ 銀 ⑦ 病

약자 문제 … 정자의 약자를 다 익히도록 익힙니다.

94. 童話 (동화) : 아이들 이야기
95. 過分 (과분) : 분수에 지나침
96. 例 (対)
97. 同 (全)

필순 문제 … 기본 필순에 따라 정확히 익힙니다.

98. 舊(旧) : 6번째
99. 方 : 9번째
100. 面 : 一ㄱㄱ币而而面 : 6번째

第14回 한자능력검정시험(해답) 5급Ⅱ

(시험시간: 50분)

독음 문제 … ※ "두음법칙 · 활음조현상" 주의합시다.

1. 便紙 [편지]
2. 筆順 [필순]
3. 家具 [가구]
4. 能力 [능력]
5. 通過 [통과]
6. 必讀 [필독]
7. 根本 [근본]
8. 當番 [당번]
9. 宅地 [택지]
10. 感知 [감지]
11. 急變 [급변]
12. 愛重 [애중]
13. 充電 [충전]
14. 客店 [객점]
15. 氣色 [기색]
16. 産苦 [산고]
17. 體格 [체격]
18. 結局 [결국]
19. 來週 [내주]
20. 仙藥 [선약]

21. 마음에 敬老 전지를 얻었다. [경로]
22. 목욕탕은 性別 분리가 되어있다. [성별]
23. 방학만은 苦待하고 있다. [고대]
24. 친구 교는 高卒 출신이 없다. [고졸]
25. 요즘은 高卒 출신이 없다. [고졸]
26. 회사는 廣告를 많이 한다. [광고]
27. 제철 果實이 맛있다. [과실]
28. 건물에 消火가 비치는 필수다. [소화]
29. 성적부진으로 課外 수업을 받는다. [과외]
30. 惡法도 법이다. [악법]
31. 어려운 關門을 통과하다. [관문]
32. 할아버지께서는 德望이 높다. [덕망]
33. 은행대출을 約定기간안 [약정]
34. 아버지 말씀을 念頭에 둔다. [염두]
35. 어머니께서는 溫和한 성품이다. [온화]

훈음 문제 … 맞춤법에 주의합시다.

36. 着 붙을 착
37. 效 본받을 효
38. 參 참여할 참
39. 調 고를 조
40. 偉 클 위
41. 種 씨 종
42. 以 써 이
43. 要 요긴할 요
44. 兒 아이 아
45. 州 고을 주
46. 決 결단할 결
47. 友 벗 우
48. 良 어질 량
49. 質 바탕 질
50. 任 맡길 임
51. 由 말미암을 유
52. 歲 해 세
53. 合 합할 합
54. 己 몸 기
55. 庭 뜰 정
56. 傳 전할 전
57. 悠 생각할 념
58. 化 될 화

단어 문제 … 뜻을 참고하여 공부합시다.

59. 제조과정이 분업화되어 있다. [分業]
60. 우리가락 장단에 맞춰 춤추자. [長短]
61. 충선거 즐거 이사를 表明하다. [表明]
62. 상대를 나와서 회계를 담당한다. [會計]
63. 맘을 먹다가 맘면 주집산인이라 한다. [作心]
64. 경제발전을 위해 신명을 바쳐 임한다. [身命]
65. 일이 임해서는 소신이 있어야 한다. [所信]
66. 범죄의 구성 요건이 성립 되다. [成立]
67. 눈앞에 장에서 설전이 벌어졌다. [舌戰]
68. 남쪽에서 북쪽으로 부는 남풍. [南風]
69. 봄이 되면 농사는 바빠진다. [農事]
70. 각자의 일은 각자서 하자. [各自]
71. 임무 처리는 공정하게 하자. [公正]
72. 모두 참석한다면 유리할 것이다. [有利]
73. 남녀는 대등한 위치에 있다. [對等]

한자 문제 … 훈음을 정확히 익힙니다.

74. 그림 도 (圖)
75. 뿔 각 (角)
76. 맑을 청 (清)
77. 풀 초 (草)
78. 나눌 반 (班)

반대자 문제 … 뜻을 생각해 봅시다.

79. (問) - 答
80. (數) - 學
가르칠교/배울학
81. (父) - 母
아비부/어미모

유의자 문제 … 뜻을 생각해 봅시다.

82. 法 (③ 典) 83. 歷 (⑥ 史) 84. 幸(④ 福)
범전/법전   역사   다행행/복복

고사성어 문제 … 뜻을 참고하여 공부합시다.

85. (年) 中 行事 ……(연중)
연중행사: 해마다 열리는 행사
86. (白) 面 書 生 ……(백면)
백면서생: 글만 읽고 세상일에 경험이 없는 사람
87. 類 萬 (不) 同 ……(부동)
유만부동: 많은 것이 서로 견줄 수 없이 다름
88. 花 朝 (月) 夕 ……(월석)
화조월석: 꽃이 핀 아침과 달 뜨는 저녁

동음이의 문제 … 같은 소리에 다른 뜻을 지닌 한자.

89. 마음의 작용이나 상태 …… ② 意識
   ① 衣食 ② 意識
90. 새로운 소식이 있는 것 …… ② 首席
   ① 水石 ② 首席
91. 제일 좋은 물건 …… ① 上品
   ① 上品 ② 商品

조어력 문제 … 문법에 맞게!

92. 재주와 지혜가 뛰어난 아이. — (才童)
93. 새로운 소식의 간행물. — (新聞)
94. 사물이 현재 있는 곳. — (現場)

약자 문제 … 정자와 약자를 다 익히도록 합시다.

95. 世 (古)   96. 樂 (楽)   97. 發 (発)

필순 문제 … 기본원칙에 따라 정확히 익힙니다.

98. 方 [필순] ③ 3번째
99. 漢 [필순] ④ 4번째
100. 歌 [필순] ⑩ 10번째

第15回 한자능력검정시험(해답) 5급II

(시험시간 : 50분)

[독음 문제] … "꽃" 두음법칙·활음조현상 주의합시다.

1. 外科 [외과]
2. 直球 [직구]
3. 卒業 [졸업]
4. 有能 [유능]
5. 黃金 [황금]
6. 育兒 [육아]
7. 社旗 [사기]
8. 着陸 [착륙]
9. 要望 [요망]
10. 飮福 [음복]
11. 住宅 [주택]
12. 天然 [천연]
13. 勇氣 [용기]
14. 意見 [의견]
15. 重責 [중책]
16. 對質 [대질]
17. 雨雪 [우설]
18. 以南 [이남]
19. 知識 [지식]
20. 到來 [도래]
21. 반장으로 任命 되었다. [임명]
22. 무고한 良民을 학살하다. [양민]
23. 財物이 많다고 행복한 것은 아니다. [재물]
24. 선거전이 본격적으로 展開되다. [전개]
25. 건경의 중요성을 切感하다. [절감]
26. 이정체가 세우고 지은 이름도 朝鮮. [조선]
27. 권장도서의 題目을 읽고 싶다. [제목]
28. 건경지에서는 兵法을 이용한다. [병법]
29. 불우한 사람을 위하여 奉仕하자. [봉사]
30. 使臣을 극진히 대접한다. [사신]
31. 歷史의 심판에 맡기다. [역사]
32. 모두의 關心은 꽃답스럽다. [관심]
33. 남극에도 대한민국의 基地가 있다. [기지]
34. 연극에서는 獨白을 많이 보고 성격파. [독백]
35. 문예작품 건은 古典을 많이 보고 성격파. [고전]

[훈음 문제] … 맞춤법에 주의합시다.

36. 充 채울 충
37. 宿 잘 숙
38. 歷 지낼 력
39. 觀 볼 관
40. 相 서로 상
41. 凶 흉할 흉
42. 說 말씀 설
43. 廣 넓을 광
44. 旅 나그네 려
45. 惡 악할 악
46. 的 과녁 적
47. 奉 받들 봉
48. 材 재목 재
49. 約 맺을 약
50. 性 성품 성
51. 養 기를 양
52. 調 고를 조
53. 筆 붓 필
54. 勞 일할 로
55. 形 형상 형
56. 害 해할 해
57. 表 겉 표
58. 首 머리 수

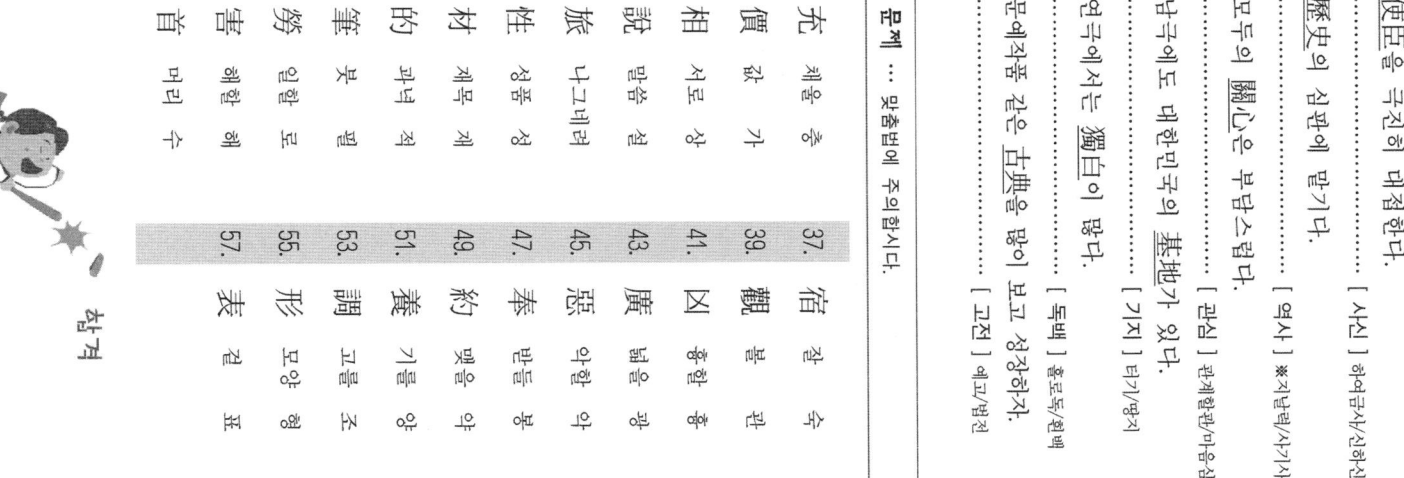
합격

[단어 문제] … 뜻을 참고하여 공부합시다.

59. 話術 [화술]
60. 淸風 [청풍]
61. 戰線 (전선: 전쟁에서 직접 전투가 벌어지는 곳)[전선]
62. 現世 (현세: 지금 살고 있는 세상)[현세]
63. 作成 (작성: 서류·원고·계획 따위를 만듦)[작성]
64. 自身 (자신: 제 몸)[자신]
65. 安樂 [안락]
66. 神明 (신명: 하늘과 땅의 신령)[신명]
67. 晝夜 (사계: 글색)[주야]
68. 不幸 [불행]
69. 北部 [북부]
70. 敎室 (교실: 가르치는 방)[교실]
71. 放火 (방화: 일부러 불을 지름)[방화]
72. 半數 [반수]
73. 花草 (화초: 꽃이 피는 풀과 나무)[화초]

[한자 문제] … 훈음을 정확히 익힙시다.

74. 들을 문 (聞)
75. 옮길 운 (運)
76. 이할 리 (利)
77. 골 동 (洞)
78. 실과 과 (果)

[반대자 문제] (상대형)

79. 新 (⑥舊)
80. 功 (②過)
81. 主 (④客)

[유의자 문제] (상대형)

82. 集) - 合
83. 靑) - 綠
84. (每) - 洋

[고사성어]

85. (⑤四)方
86. 市民 (②公)園
87. (⑦高速) 道路
88. 子孫 (①萬)代

[동음이의어 문제] … 뜻을 참고하여 겉은 소리의 다른 뜻을 익혀봅시다.

89. 結 (②)
90. 敬 (①)
91. 流 (⑥)

[뜻풀이 문제]

92. 도로에 순서한 시기 … (② 時節)
93. 얼굴을 씻음 … (① 洗面)
94. 낮을 씻음 … (① 洗面)
95. 정치와 의식을 다 익히도록 익힙니다.
96. 變(변)
97. 實(실)
98. 園(단)

[필순 문제] … 기본획순에 따라 정확히 써봅시다.

98. 團(단) 3번째 | ③3번째
99. 變 7번째 | ⑦7번째
100. 發 8번째 | ⑧8번째

父 / ノ父
回 | 冂冂回回回
發 | ァッブ癶ベ癶必発發

〔十二支 십이지〕 : 자축인묘진사오미신유술해

子[쥐 자] 丑[소 축] 寅[범 인] 卯[토끼 묘] 辰[용 진] 巳[뱀 사]

午[말 오] 未[양 미] 申[원숭이 신] 酉[닭 유] 戌[개 술] 亥[돼지 해]

배정한자 및 중간점검용정답

5II 배정한자

①
價 값 가
客 손 객
格 격식 격
見 볼 견
決 결단할 결
結 맺을 결
敬 공경 경
告 고할 고
課 공부할 과
過 지날 과
關 관계할 관
觀 볼 관
廣 넓을 광
具 갖출 구
舊 예 구
局 판 국
己 몸 기
基 터 기
念 생각 념
能 능할 능
團 둥글 단
當 마땅 당
德 큰 덕
到 이를 도
獨 홀로 독

②
朗 밝을 랑
良 어질 량
旅 나그네 려
歷 지날 력
練 익힐 련
勞 일할 로
類 무리 류
流 흐를 류
陸 뭍 륙
望 바랄 망
法 법 법
變 변할 변
兵 병사 병

福 복 복
奉 받들 봉
史 사기 사
士 선비 사
仕 섬길 사
産 낳을 산
相 서로 상
商 장사 상
鮮 고울 선
仙 신선 선
說 말씀 설
性 성품 성

③
洗 씻을 세
歲 해 세
束 묶을 속
首 머리 수
宿 잘 숙
順 순할 순
識 알 식
臣 신하 신
實 열매 실
兒 아이 아
惡 악할 악
約 맺을 약
養 기를 양
要 요긴할 요
友 벗 우
雨 비 우
雲 구름 운
元 으뜸 원
偉 클 위
以 써 이
任 맡길 임
材 재목 재
財 재물 재
的 과녁 적
典 법 전

④
傳 전할 전
展 펼 전
切 끊을 절
節 마디 절
店 가게 점
情 뜻 정
調 고를 조
卒 마칠 졸
種 씨 종
週 주일 주
州 고을 주
知 알 지
質 바탕 질
着 붙을 착
參 참여할 참
責 꾸짖을 책
充 채울 충
宅 집 택
品 물건 품
必 반드시 필
筆 붓 필
害 해할 해
化 될 화
效 본받을 효
凶 흉할 흉

6급 배정한자

①
感 느낄 감
強 강할 강
開 열 개
京 서울 경
苦 쓸 고
古 예 고
交 사귈 교
區 구분할 구
郡 고을 군
近 가까울 근
根 뿌리 근
級 등급 급
多 많을 다
待 기다릴 대
度 법도 도
頭 머리 두
例 법식 례
禮 예도 례
路 길 로

②
綠 푸를 록
李 오얏 리
目 눈 목
米 쌀 미
美 아름다울 미
朴 성 박
番 차례 번
別 다를 별
病 병 병
服 옷 복
本 근본 본
死 죽을 사
使 하여금 사
石 돌 석
席 자리 석
速 빠를 속
孫 손자 손
樹 나무 수
習 익힐 습

③
勝 이길 승
式 법 식
失 잃을 실
愛 사랑 애
野 들 야
夜 밤 야
陽 볕 양
洋 큰바다 양
言 말씀 언
永 길 영
英 꽃부리 영
溫 따뜻할 온
園 동산 원
遠 멀 원
油 기름 유
由 말미암을 유
銀 은 은
衣 옷 의
醫 의원 의

④
者 놈 자
章 글 장
在 있을 재
定 정할 정
朝 아침 조
族 겨레 족
晝 낮 주
親 친할 친
太 클 태
通 통할 통
特 특별할 특
合 합할 합
行 다닐 행
向 향할 향
號 이름 호
畫 그림 화
黃 누를 황
訓 가르칠 훈

배정한자 및 중간점검용정답

6Ⅱ 배정한자

①

各 각각 각　角 뿔 각　計 셀 계　界 지경 계　高 높을 고　功 공 공　公 공평할 공　共 한가지 공　科 과목 과　果 실과 과　光 빛 광　球 공 구　今 이제 금　急 급할 급　短 짧을 단　堂 집 당　代 대신 대　對 대할 대　圖 그림 도

②

讀 읽을 독　童 아이 동　等 무리 등　樂 즐길 락　利 이할 리　理 다스릴 리　明 밝을 명　聞 들을 문　班 나눌 반　反 돌아올 반　半 반 반　發 필 발　放 놓을 방　部 떼 부　分 나눌 분　社 모일 사　書 글 서　線 줄 선　雪 눈 설

③

省 살필 성　成 이룰 성　消 사라질 소　術 재주 술　始 비로소 시　神 귀신 신　身 몸 신　信 믿을 신　新 새 신　藥 약 약　弱 약할 약　業 업 업　勇 날랠 용　用 쓸 용　運 옮길 운　飮 마실 음　音 소리 음　意 뜻 의　昨 어제 작

④

作 지을 작　才 재주 재　戰 싸울 전　庭 뜰 정　題 제목 제　第 차례 제　注 부을 주　集 모을 집　窓 창 창　淸 맑을 청　體 몸 체　表 겉 표　風 바람 풍　幸 다행 행　現 나타날 현　形 모양 형　和 화할 화　會 모일 회　△

7급 배정한자

①

歌 노래 가　口 입 구　旗 기 기　冬 겨울 동　洞 골 동　同 한가지 동　登 오를 등　來 올 래　老 늙을 로　里 마을 리　林 수풀 림　面 낯 면　命 목숨 명

②

文 글월 문　問 물을 문　百 일백 백　夫 지아비 부　算 셈 산　色 빛 색　夕 저녁 석　所 바 소　少 적을 소　數 셈 수　植 심을 식　心 마음 심　語 말씀 어

③

然 그럴 연　有 있을 유　育 기를 육　邑 고을 읍　入 들 입　字 글자 자　祖 할아비 조　住 살 주　主 주인 주　重 무거울 중　地 땅 지

紙 종이 지　川 내 천

④

千 일천 천　天 하늘 천　草 풀 초　村 마을 촌　秋 가을 추　春 봄 춘　出 날 출　便 편할 편　夏 여름 하　花 꽃 화　休 쉴 휴

7Ⅱ 배정한자

①

家 집 가　間 사이 간　江 강 강　車 수레 거　空 빌 공　工 장인 공　記 기록할 기　氣 기운 기　男 사내 남　內 안 내　農 농사 농　答 대답 답

②

道 길 도　動 움직일 동　力 힘 력　立 설 립　每 매양 매　名 이름 명　物 물건 물　方 모 방　不 아닐 불　事 일 사　上 윗 상　姓 성 성

③

世 인간 세　手 손 수　時 때 시　市 저자 시　食 먹을 식　安 편안 안　午 낮 오　右 오른 우　自 스스로 자　子 아들 자　場 마당 장　電 번개 전　前 앞 전　全 온전 전

④

正 바를 정　足 발 족　左 왼 좌　直 곧을 직　平 평평할 평　下 아래 하　漢 한수 한　海 바다 해　話 말씀 화　活 살 활　孝 효도 효　後 뒤 후

8급 배정한자

①

敎 가르칠 교　校 학교 교　九 아홉 구　國 나라 국　軍 군사 군　金 쇠 금　南 남녘 남　女 계집 녀　年 해 년　大 큰 대　東 동녘 동

②

六 여섯 륙　萬 일만 만　母 어미 모　木 나무 목　門 문 문　民 백성 민　白 흰 백　父 아비 부　北 북녘 북　四 넉 사　山 메 산　三 석 삼　生 날 생　西 서녘 서　先 먼저 선

③

小 작을 소　水 물 수　室 집 실　十 열 십　五 다섯 오　王 임금 왕　外 바깥 외　月 달 월　二 두 이　人 사람 인　日 날 일　一 한 일　長 긴 장

④

弟 아우 제　中 가운데 중　靑 푸를 청　寸 마디 촌　七 일곱 칠　土 흙 토　八 여덟 팔　學 배울 학　韓 나라 한　兄 형 형　火 불 화

기출예상문제정답

5Ⅱ [가]

#	답	#	답
1	우정	51	밝을 랑
2	목례	52	푸를 록
3	조화	53	흐를 류
4	독특	54	판 국
5	가격	55	채울 충
6	통관	56	복 복
7	객주	57	반드시필
8	변질	58	몸 기
9	상점	59	新
10	재산	60	今
11	전설	61	弱
12	관념	62	⑥
13	연습	63	⑦
14	과로	64	①
15	공약	65	④
16	구색	66	②
17	봉사	67	⑤
18	책임	68	④
19	식별	69	紙面
20	병사	70	戰線
21	입석	71	短身
22	신선	72	멀고가까움
23	광주	73	차를씻음
24	운해	74	비옷
25	요망	75	読
26	법도	76	体
27	위인	77	対
28	읍장	78	成功
29	수상	79	家庭
30	전개	80	農業
31	숙제	81	敎科書
32	해악	82	集中
33	주변	83	世界
34	단합	84	音樂
35	친절	85	反省
36	아이 아	86	白雪
37	써 이	87	運動場
38	집택/집댁	88	發明王
39	신하 신	89	三角形
40	과녁 적	90	飮食
41	해 세	91	計算
42	터 기	92	勇氣
43	붙을 착	93	全部
44	고할 고	94	分校
45	법 전	95	現金
46	큰 덕	96	有利
47	마칠 졸	97	所聞
48	붓 필	98	⑦
49	물 륙	99	⑤
50	고울 선	100	④

5Ⅱ [나]

#	답	#	답
1	여행	51	해 세
2	애착	52	관계할관
3	온정	53	구름 운
4	품목	54	해할 해
5	설야	55	끊을 절
6	졸업	56	판 국
7	광고	57	잘 숙
8	합격	58	몸 기
9	행복	59	圖書
10	의견	60	休日
11	다산	61	平和
12	봉사	62	人道
13	선로	63	正直
14	친구	64	始作
15	급류	65	出口
16	변화	66	花草
17	필요	67	登山
18	세계	68	心身
19	전망	69	計算
20	과실	70	等數
21	참관	71	今年
22	지성	72	集成
23	역사	73	飮食
24	사설	74	果
25	절약	75	才
26	실리	76	半
27	고택	77	形
28	신념	78	角
29	당번	79	生
30	방과	80	夕
31	강조	81	問
32	충전	82	⑤
33	독특	83	⑥
34	속도	84	③
35	법적	85	②
36	결단할결	86	②
37	물 류	87	①
38	본받을효	88	⑤
39	으뜸 원	89	④
40	공경 경	90	③
41	사라질소	91	②
42	값 가	92	손님의자리
43	어질 량	93	중대한책임
44	이를 도	94	벗을사귐
45	큰 덕	95	発
46	밝을 랑	96	战/戰
47	붓 필	97	会
48	씨 종	98	③
49	클 위	99	⑤
50	묶을 속	100	⑦

5Ⅱ [다]

#	답	#	답
1	가격	51	일할 로
2	야망	52	동산 원
3	전설	53	씻을 세
4	형제	54	열매 실
5	약속	55	무거울중
6	공공	56	종이 지
7	서해	57	머리 두
8	신약	58	집 당
9	천하	59	平安
10	녹색	60	農事
11	기수	61	空中
12	다복	62	學問
13	역사	63	人命
14	화합	64	父母
15	체질	65	表現
16	청춘	66	登山
17	관념	67	千金
18	자책	68	身長
19	소유	69	家電
20	봉사	70	反省
21	관심	71	光明
22	감정	72	童話
23	효도	73	先生
24	기자	74	聞
25	교양	75	果
26	세월	76	場
27	지식	77	便
28	급변	78	幸
29	전력	79	④
30	각도	80	②
31	재물	81	③
32	창문	82	⑥
33	운집	83	②
34	활동	84	④
35	운행	85	①
36	볼 견	86	⑤
37	선비 사	87	①
38	신하 신	88	②
39	내 천	89	②
40	주인 주	90	②
41	마을 촌	91	①
42	마디 촌	92	①
43	누를 황	93	⑤
44	낮 주	94	③
45	집택/집댁	95	気
46	사랑 애	96	体
47	가을 추	97	会
48	아름다울미	98	⑥
49	길 영	99	⑤
50	펼 전	100	③

5Ⅱ [라]

#	답	#	답
1	참석	51	과녁 적
2	결과	52	받들 봉
3	역사	53	이를 도
4	당연	54	해할 해
5	특효	55	물 륙
6	관광	56	서로 상
7	지성	57	아이 아
8	순풍	58	맡길 임
9	정품	59	③
10	흉물	60	⑦
11	방학	61	⑤
12	원조	62	①
13	절약	63	⑧
14	통화	64	④
15	의술	65	⑥
16	양복점	66	⑤
17	백운	67	①
18	필승	68	⑥
19	기본	69	消火
20	전개	70	戰力
21	은행	71	球場
22	우중	72	쌀장사
23	야망	73	나무의종류
24	조화	74	속도를변경함
25	충실	75	体
26	화필	76	来
27	영원	77	薬
28	감정	78	地圖
29	주택	79	神童
30	읍내	80	音樂
31	졸업식	81	所聞
32	가격	82	社運
33	행복	83	反對
34	신하	84	發明
35	합법	85	部分
36	고을 주	86	計算
37	병사 병	87	始動
38	전할 전	88	花草
39	써 이	89	植木
40	클 태	90	飮食
41	겨레 족	91	車窓
42	주일 주	92	名作
43	선비 사	93	注文
44	신선 선	94	家庭
45	예 구	95	昨年
46	차례 번	96	勇氣
47	묶을 속	97	信用
48	몸 기	98	④
49	해 세	99	⑦
50	바탕 질	100	③

그동안 갈고 닦은 實力을

유감없이 발휘하여

좋은 성적 거두시길 기원합니다.

盡人事待天命